MW00426883

# Yo soy la puerta

# OSHO

✳

# Yo soy la puerta

✳

## La meditación y los caminos
## hacia el despertar interior

Título original: *I Am The Gate*

*Yo soy la puerta*
© Osho International Foundation, Suiza (www.osho.com), 1988
Todos los derechos reservados.

**OSHO**® es una marca registrada de Osho International Foundation.

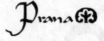

D. R. © Editorial Lectorum, S. A. de C. V., 2005
Centeno 79-A, col. Granjas Esmeralda
C. P. 09810, México, D. F.
Tel. 5581 3202
www.lectorum.com.mx
ventas@lectorum.com.mx

L. D. Books, Inc.
Miami, Florida
sales@ldbooks.com

Lectorum, S. A.
Buenos Aires, Argentina
ventas@lectorum-ugerman.com.ar

Los textos aquí incluidos son una edición actualizada de una serie
original de discursos de Osho titulada *I Am The Gate,* pronunciados
ante una audiencia. Todos los discursos de Osho han sido publi-
cados íntegramente en libros; también están disponibles las grabaciones
en audio. Estas grabaciones y el archivo de textos completo pueden
ser consultados en Internet en la Biblioteca Osho: **www.osho.com**

Cuarta reimpresión: marzo de 2010
ISBN: 970-732-138-5

Traducción: Jeannine Diego

Traducción y características tipográficas aseguradas conforme a la ley.
Prohibida la reproducción parcial o total sin autorización escrita del
editor.

Impreso y encuadernado en México.
*Printed and bound in Mexico.*

Las charlas contenidas en este libro se llevaron a cabo en una época durante la cual el trabajo de Osho daba un giro —cuando dejó de viajar por la India y llegó a instalarse en Bombay y (tal y como él lo indica en el último capítulo) cuando realizó un cambio correspondiente en el enfoque de su labor—. El material ha sido actualizado para lectores contemporáneos, con la omisión de algunas referencias a hechos históricos específicos.

# Capítulo 1
# Yo soy conciencia, yo soy libertad

———————————— ✳ ————————————

*Por favor disculpa que te haga preguntas tan personales. Pregunto sólo porque siento que se trata de los interrogantes que posee mucha gente. ¿Quién eres tú? ¿Por qué motivo has venido al mundo? ¿Cuál es tu labor aquí, y cómo se logrará esta labor?*

No tiene importancia que las preguntas sean o no personales, puesto que, para mí, la persona como tal no existe. Tú no puedes hacer preguntas personales porque no hay alguien en torno a la cual relacionarse como persona. De hecho, el hacer preguntas personales no es presuntuoso, pero el asumir que una persona *es*, en definitiva, sí es presuntuoso. La persona no existe, es una no-entidad. De hecho, no hay persona, o hay únicamente una persona. Sólo lo divino se puede considerar como algo que posee personalidad, puesto que únicamente lo divino puede poseer un centro. Nosotros no poseemos ningún centro.

El centro no existe pero asumimos un centro. El centro es hipotético, ilusorio. Sentimos que sin un centro, la vida no es posible. El centro asumido es el ego.

Tú puedes pensar que tu pregunta es personal. En tanto que la pregunta esté dirigida a mí, está dirigida a una no-entidad. En lo que respecta a mí, de ningún modo siento ser una persona. Entre más profundo vaya uno, se es menos. Y al alcanzar el máximo centro de uno mismo, deja en absoluto de existir el yo.

En segundo lugar, tú me preguntas quién soy yo. Yo digo que no soy. Siempre les pido a aquellos que buscan, que se pregunten: "¿Quién soy yo?" No para que lleguen a saber quiénes son,

9

sino únicamente para que llegue el momento en que la pregunta se haga de modo tan intenso, que aquel que pregunta no está ahí; queda sólo la pregunta misma. Un momento se presenta cuando la pregunta es absolutamente intensa, cuando ha llegado a lo más profundo posible; entonces, se revela lo absurdo de aquella pregunta. Uno llega a saber que nadie puede preguntarse: "¿Quién soy yo?", ni hay a quien se le pueda preguntar: "¿Quién eres?". La pregunta se hace, no con la intención de obtener una respuesta, sino para trascender la pregunta misma.

No hay nadie adentro; de hecho, no hay nadie en absoluto adentro, y en cuanto el interior se desmorona, tampoco hay un exterior. En el momento en que no se es interiormente, no hay exterioridad. Entonces, el mundo entero se hace un todo. Entonces, la existencia es un todo, sin estar dividida entre el *yo* y el *tú*.

Por lo tanto, para mí, la pregunta: "¿Quién eres?", no tiene ningún sentido. Más bien, la única pregunta relevante es: "¿Qué es?". Es decir, no *quién*, sino *qué*. Porque el *qué* puede ser el todo. Se puede hacer la pregunta en torno a la totalidad, en torno a todo aquello que existe.

La pregunta "¿qué es?" es existencial y no existe en ella ninguna dicotomía; no divide. Pero la pregunta "¿quién?", divide, desde un principio. Acepta la dualidad, la multiplicidad, la dualidad de los seres.

Sólo existe el ser, mas no hay seres.

Cuando digo que sólo existe el ser, me refiero a que sólo existe el *estado de ser*, porque uno no puede existir sin el otro. Si no hay otro, el decir que uno existe carece de sentido.

Así que realmente no existe el ser, sino el estado de ser. Siempre digo que no existe un Dios, sino la divinidad, el estado de lo divino, puesto que la palabra 'ser', como tal, conlleva una limitación. La palabra 'Dios', como tal, conlleva una finitud; no puede ser infinita. Pero el estado de ser o de lo divino se vuelve infinito; contiene todo lo que es. Incluye todo, nada es excluido. Así que, cuando tú preguntas: "¿Quién eres tú?", la pregunta, para mí, significa "¿Qué es?". Para mí, no puede significar otra cosa más que eso.

Tú has hecho, a través mío, una pregunta extremadamente fundamental. Lo que es, no soy yo, sino el ser mismo, la existencia misma. Si uno va a lo más profundo de una gota, encontrará el océano. Una gota es meramente una gota sólo a nivel superficial. Al ser la existencia misma, la naturaleza esencial de una gota de agua, es la misma que la del océano. Es oceánica. Por lo tanto, sólo en la ignorancia, uno es una gota de agua. En el momento en que uno sabe, hay un océano.

Tú me has hecho una pregunta acerca del océano. Al responder a esa pregunta, mi respuesta no se trata únicamente de mí mismo, sino de ti también. Al responder, mi respuesta no se trata únicamente de mí mismo, sino de todo lo que existe.

¿Qué existe? Hay tantas capas. Si uno percibe únicamente la superficie, la materia existe. La materia es la superficie de la existencia. En su búsqueda, la ciencia se ha ocupado únicamente de la superficie; para la ciencia, sólo la materia es real y todo lo demás no lo es. Pero, ahora, la ciencia ha dado un paso hacia delante y ha dicho que la materia no es, sino que la energía es. La energía es la segunda capa, es más profunda que la materia. Si uno va a lo profundo de la materia, no hay materia, sino energía. Pero eso tampoco es suficiente porque, más allá de la energía, existe la conciencia.

Por lo tanto, cuando tú preguntas: "¿Quién eres tú?", yo respondo: "Yo soy conciencia". Y esta respuesta incluye todo; todo es conciencia. Respondo únicamente como un representante del todo. Es posible que tú no hayas escuchado que eres conciencia, es posible que tú no hayas sabido que eres conciencia, pero yo respondo incluso por ti. La conciencia existe, y cuando digo que algo existe, significa que jamás estará en la no existencia. Si algo puede caer en la no existencia, significaría que, en realidad, jamás existió. Habrá sido puramente fenomenológico, sólo pareció existir.

Entonces, todo lo que cambia es fenomenológico; no es verdaderamente existencial. Todo aquello que cambia es sólo la superficie. El núcleo más esencial nunca cambia. Está y siempre está en el presente. Jamás se puede decir que fue, jamás se puede decir que será. Cuando sea que es, es. Sólo se le aplica el presente.

No hay pasado ni futuro, porque el pasado y el futuro se tornan relevantes únicamente cuando algo cambia. Cuando algo *es*, no hay pasado ni futuro, únicamente hay el presente. Por supuesto que el significado del presente será distinto, muy distinto. Para nosotros, el presente significa algo que existe entre el pasado y el futuro. Pero si no hay pasado ni futuro, el presente es algo muy distinto. No es algo entre el pasado y el futuro. El presente es sólo un momento; un momento entre dos inexistentes: el pasado que se ha ido y que ya no es, y el futuro que aún no ha llegado. Entre estos dos inexistentes, existe un momento presente. Eso es imposible. Entre dos inexistentes, no puede haber existencia. Sólo parece que la hay.

Cuando digo que existe la conciencia, no me refiero a algo del pasado y del futuro, sino a algo eterno, mas no perdurable, puesto que el término 'perdurable' conlleva un sentido del tiempo. Cuando digo que siempre existe en el presente, me refiero a que es intemporal; "existencia" significa que es intemporal. Está más allá del tiempo y, de modo simultáneo, más allá del espacio, porque todo lo que es en el espacio será inexistente. De modo similar, todo lo que es en el tiempo, será inexistente. Y el tiempo y el espacio no son dos cosas separadas. Es por eso que las relaciono. Son una misma cosa. El tiempo es únicamente una dimensión del espacio. El movimiento en el espacio es el tiempo; el tiempo que no está en movimiento es el espacio. La existencia es intemporal y no espacial.

Por lo tanto, creo que tú entenderás cuando digo que soy alguien intemporal y no espacial. Pero mi "yo" lo incluye todo. Tú mismo estás incluido, el que pregunta está incluido. Nada está excluido. Entonces, será más fácil responder a tu pregunta.

Todo aquello que cambia tiene un propósito; hay algo que necesita hacerse, tiene un propósito para existir. En cuanto se cumple el propósito de algo, cae en la inexistencia. Pero todo aquello que es realmente existencial carece de propósito, porque no hay ningún propósito que se pueda cumplir. Y si hay algún propósito y éste es cumplido, entonces la existencia se torna insignificante. Por lo tanto, sólo las cosas temporales tienen propósitos. Están intencionadas para algo. Se puede decir del siguiente modo: son medios para algún fin. Esto es lo que significa que algo tenga un propósito. Existe para que algo se cumpla. En el momento en que se cumple, esos medios se van. Pero yo seré necesitado siempre, y cuando digo "yo", incluyo todo. No contiene ningún propósito.

La existencia carece de propósito. Es por eso que se le llama *leela*: una obra de teatro. La existencia como tal no tiene ningún propósito que cumplir. No va hacia ninguna parte. No tiene fin. Pero aún así, va; aún así, va mucho. Por lo tanto, debe ser una *leela*, una obra de teatro; nada más que una energía que fluye hacia afuera. Esto se puede relacionar conmigo. No seré nada en absoluto. Aún así, hablo de hacer cosas.

Al saber que uno es parte de la conciencia cósmica, uno se da cuenta que no hay un propósito. Uno existe meramente como una obra de teatro; claro que la obra de teatro se torna cósmica, multidimensional. Uno hace mucho, pero aún así, no hay ningún hacedor, como tampoco un propósito; estas cosas no están ahí. Entonces, se convierte en una obra de teatro.

Y debe señalarse que un hacedor no puede existir sin un propósito, así como un propósito no puede existir sin un hacedor. Son dos polaridades de un mismo ego, y el ego se siente muy incómodo si no hay un propósito. El ego se satisface a través de los propósitos. Algo ha de hacerse, uno ha de lograr hacerlo, uno ha de alcanzar algún lugar, uno ha de crear algo. Uno tiene que crear una firma. Por lo tanto, el ego tiene un propósito. Por otro lado, la existencia carece de propósito. A menos que uno conozca lo que está más allá del ego, no ha conocido nada en absoluto.

Así que, para mí, todo es sólo una obra de teatro. Ni soy, ni existe un propósito. Sin embargo, las cosas están sucediendo, siguen adelante. Por lo tanto, te puedes preguntar: "¿Por qué siguen adelante?". Siguen adelante porque no tiene ningún propósito detenerlas, y no hay nadie para detenerlas. ¿Me entiendes? No hay nadie que las detenga, y no tiene ningún propósito detenerlas. Por lo tanto, está en la naturaleza que sigan adelante. Uno se convierte en un conducto. No se puede ser conducto de modo activo; de modo activo, uno jamás puede ser un medio. Sólo la pasividad hace que uno sea un medio, y la pasividad significa que uno no es. De otro modo, uno sería verbalmente pasivo, pero el ego estaría siempre activo. En el momento en que uno es pasivo, el ego no es. La pasividad significa la ausencia del ego.

Por lo tanto, yo soy completamente pasivo. Lo que sea que sucede, sucede. Nunca me pregunto por qué, puesto que no hay a quién preguntarle. Incluso, si uno encontrara a alguien, si encontrara a Dios mismo, él simplemente se reiría. Incluso él no podría responder. No podría responder porque el concepto de la causalidad, el concepto del por qué, tiene un sentido sólo dentro de un flujo dividido. Si se contemplan un principio y un fin, entonces la causalidad adquiere sentido. Si se entiende el flujo entero como algo sin fin, sin comienzo, entonces, todas las cosas entran en otras y todas las cosas provienen de otras. Así como las olas del mar, toda ola tiene otra detrás, y toda ola tiene algo en frente, algo por delante, otra ola. Y el mar entero tiene olas. Las olas son eternas.

Nadie pregunta "¿por qué?" salvo los seres humanos. Así que nadie más experimenta ansiedad alguna.

Cuando la mente humana se angustia, crea preguntas y luego proporciona respuestas. Las preguntas carecen de sentido y, por lo tanto, las respuestas carecen más aún de sentido. Pero, debido a que fabricamos preguntas, no podemos estar en calma a menos que encontremos las respuestas. Por ende, seguimos encontrando respuestas y creando preguntas. Si uno es capaz de ver el sinsentido de hacer preguntas y responderlas, posiblemente se dé cuenta que está sosteniendo un monólogo consigo mismo. Aunque fueras tú quien hiciera las preguntas y yo quien las respondiera, es la mente humana que pregunta y la mente humana que responde. Es un juego de escondidillas entre partes de la misma mente. No importa quién pregunte ni quién responda.

La mente humana pregunta y la mente humana responde, y hemos creado una maraña tal de respuestas y preguntas, pero no se ha respondido a una sola pregunta. Las preguntas han permanecido donde siempre han estado. Si uno logra percatarse de toda esta procesión de preguntas y respuestas, este esfuerzo sin sentido ni fruto y que no lleva a ninguna parte —si uno se da cuenta de todo este sinsentido, como de relámpago— entonces uno se puede reír de lo absurdo de la mente humana. Y en el momento en que hay risa, uno trasciende la mente humana del todo. Entonces, no hay pregunta alguna, ni hay respuesta alguna. Entonces se ama. No hay un propósito ni hay una causa. Entonces, el hecho de vivir, en sí mismo, basta.

Tú preguntas y yo te respondo, pero yo, como tal, no puedo hacer ninguna pregunta. En cuanto a mí, no hay respuesta alguna, ni hay pregunta alguna. Sigo viviendo, así como las olas del mar, o como las hojas del árbol, o las nubes en el cielo, sin pregunta alguna y sin respuesta alguna. Y en el momento en que me di cuenta de todo este absurdo de preguntas, algo se derrumbó completa y totalmente. Fue una resurrección. Renací. Renací dentro de una dimensión cósmica —no como un yo, sino como la conciencia cósmica misma.

En esta dimensión cósmica, todo es una obra de teatro. Cuando uno entiende —y no sólo entiende, sino que se da cuenta— de que todo es una obra de teatro, está en completa calma, absolutamente. Entonces, no hay tensión. Uno está relajado. No hay ego.

El ego no se puede relajar. Vive de tensiones, se nutre de tensiones. Cuando no hay ego, no hay tensión. Y entonces, ahí está uno: incluyendo todo. Entonces, no hay pasado y, por lo tanto, no hay futuro. Uno es la eternidad. Entonces, cualquier cosa que suceda es un *suceso*; no es que uno lo esté haciendo. No es que algo se haya de cumplir a través de uno. Todas estas son nociones ilusorias. Incluso una persona religiosa pensará en estos términos, en hacer algo. Entonces, el ego se habrá acomodado, se habrá tornado piadoso y más peligroso. Si el ego está ahí, ambos, el hacedor y las cosas, hechas están ahí. Sólo han cambiado los objetos, pero el proceso es el mismo.

Para mí… y cuando me refiero a "mí", no hay nadie a quien me refiera; se trata sólo de un instrumento lingüístico del cual hago uso para que tú entiendas lo que digo. Para mí, no hay nadie a quien se le pueda referir como tú o yo. Pero, entonces, el lenguaje sería imposible. Es por eso que la verdad no se puede expresar con lenguaje. No puede adquirir ninguna forma lingüística, porque el leguaje es creado por aquellos que no son; por falsos, por inexistentes. El ego mitológico ha creado el lenguaje. Proviene del ego, jamás podrá trascenderlo. Por lo tanto, aunque uno sepa que no hay nadie a quien se le pueda referir como "yo", se tiene que utilizar en el lenguaje. Y le recuerdo que no hay ningún ser.

En lo que respecta a este "yo", no hay nada que hacerse, porque las cosas suceden por sí solas. Nosotros mismos sucedemos. Nosotros mismos somos sucesos. La existencia misma es un suceso, no algo que se hace. Por lo tanto, sería mejor si digo que el viejo concepto de Dios como creador, no tiene sentido para mí —no diré "Dios el creador", porque la expresión refleja nuestro entendimiento egocéntrico de la creación, del hacer—. Tal y como nosotros "hacemos" algo, Dios ha "hecho" el mundo. Nos hemos proyectado a nosotros mismos sobre el plano cósmico, por lo cual hay la creación y el creador. La dicotomía está ahí.

Para mí, Dios es aquello que sucede —no el creador, sino aquello que continúa sucediendo—. Dios significa aquello que sigue eternamente. Por lo tanto, todo lo que sucede, es Dios. No hay un creador, ni una creación. La dicotomía misma es egocéntrica —nuestras proyecciones sobre el plano cósmico.

Al saber que, en uno mismo, no existe la dicotomía del hacedor y el hacer, se sabe que no existe ningún hacedor ni cosa que se haga —sólo sucesos—. Y, cuando se da esta revelación del suceso eterno, no hay una carga, no hay una tensión. El nacimiento de uno es un suceso, y la muerte de uno será un suceso. El hecho de estar aquí es un suceso, el hecho de no estar aquí será un suceso. Uno no está en ninguna parte.

¿De dónde viene este ego que piensa que "yo soy", que "yo estoy haciendo"? Viene a través de la memoria. La memoria de uno continúa grabando sucesos. Uno nace, uno es niño, luego viene la juventud, luego uno es viejo. Las cosas suceden —el amor sucede, el odio sucede, y la memoria continúa grabando—. Cuando uno mira hacia el pasado, toda la memoria acumulada se convierte en "yo". "Yo" amé a alguien. Sería mejor y más exacto decir que, en alguna parte, el amor sucedió, mas yo no fui el hacedor. Pero el recuerdo de que "yo amé", ha sucedido del mismo modo en que suceden el nacimiento o la muerte.

Si una persona puede recordar esto durante tan sólo veinticuatro horas, que las cosas suceden y que no hay hacedor, esta persona no volverá a ser la misma. Pero es muy difícil recordarlo, incluso durante un solo momento.

Lo más difícil es recordar que los hechos están sucediendo y que uno no es el hacedor. Por ejemplo, yo estoy hablando. Si digo: "Yo estoy hablando", y mi intención es decir que "yo" estoy hablando, entonces he malinterpretado el fenómeno. No sé cuál será el próximo enunciado. Cuando llegues, tú lo sabrás y lo sabré yo. Es un suceso, por lo cual yo no puedo relacionarme con él. Algo surge a través de mí. No soy hacedor, en absoluto. Algo sucede dentro de mí.

Esto es a lo que nos referimos cuando decimos que los Vedas son impersonales. Decimos que no son creados por personas.

Con esto, nos referimos a que aquellos que compilaron los Vedas, lo saben, saben que algo es un suceso. No son hacedores, sino que algo llega a ellos. Ellos son sólo el conducto, el medio, el vehículo. Incluso el ser un vehículo es un suceso. No es por mano propia que se han convertido en vehículos. De no ser así, la misma falacia existiría a otro nivel.

Ve al fondo de cualquiera de tus actos, y hallarás sucesos. No habrá acto, puesto que no hay actor. Entonces, ¿cómo puede uno preguntar por qué? ¿Quién puede responder a esta pregunta? La casa está vacía, el dueño no es. Deja que las cosas continúen sucediendo. La casa misma, sin su dueño, es capaz de sucesos.

Intenta comprenderlo con más claridad. Buda lo dijo tantas veces: "Cuando caminamos, no hay caminante, sólo camino". ¿Cómo se puede comprender esto? ¿Si no soy, cómo puedo caminar? Camina y busca dónde es que estás. Encontrarás únicamente el camino. No podemos comprender cómo es que alguien puede decir que hay locución, mas no locutor. Pero, al llegar al fondo de lo que es el acto de hablar, uno encuentra que no hay locutor, sino únicamente locución. De hecho, no ha habido poetas, sino que la poesía ha sucedido. No ha habido pintores, sino que la pintura ha estado sucediendo.

Pero el vehículo se convierte en el dueño. La memoria crea la falacia. Pero, para mí, la falacia no es. La memoria no me puede atrapar, ha perdido su dominio sobre mí. Por lo tanto, todo sucede, pero no hay hacedor. Y todo lo que ha de suceder, sucederá. Yo no seré el detonador; no seré el amo.

Al saber que uno no es, se convierte en amo, en un sentido muy distinto. Y si uno no es, entonces no puede ser esclavizado, en el sentido negativo. Entonces, la libertad es absoluta. Entonces, nadie puede esclavizarlo a uno. Entonces, no puede existir la esclavitud, ni posibilidad de la misma. Sin embargo, hay una situación paradójica, y es un hecho: el que intenta ser amo, siempre estará en peligro de convertirse en esclavo. Aquel que pierde su ser, su mando, sus esfuerzos, su hacedor, está más allá de cualquier esclavitud. Es libre, tan libre como el cielo. Es la libertad misma —ni siquiera libre, porque cuando uno es libre, existe el agente—. Aquél es la libertad. Así que, si le parece, diré que yo soy libertad. Y no hay ninguna razón, porque si hay razón, uno no es libre. Uno está ligado a ella, atado a la razón. Al existir algo que uno ha de hacer, está atado. Y entonces uno no es libre.

Yo soy la libertad absoluta, en el sentido de que nada ha de hacerse. Yo soy una espera. Las cosas sucederán, y yo las aceptaré. Y si no suceden, aceptaré el no-suceso. Y sigo esperando. Esta espera hace que uno sea un medio para las fuerzas divinas de la existencia. Mucho se hace a través de uno cuando el hacedor no es; nada se hace a través de uno cuando el hacedor está ahí. Cuando el hacedor está ahí, uno es. Uno está haciendo algo que es imposible. Porque el hacedor es imposible, la cosa hecha no puede ser posible.

Uno está envuelto en un esfuerzo absurdo, y el único resultado será la frustración. Cuando no se es, siempre se obtiene el éxito. No puede haber fracaso, porque jamás se ha pensado en ser algo; e incluso si sucede el fracaso, éste es un suceso. Si sucede el éxito, es un suceso. Y cuando ambos suceden, uno se torna indiferente. No tiene importancia; cualquiera de los dos está bien.

Por lo tanto, puedo concluir que cuando digo "yo", todos están incluidos. Yo soy conciencia y yo soy libertad. Utilizo dos palabras: 'conciencia' y 'libertad', sólo para que el misterio sea más entendible para ti. De otro modo, ambas palabras tienen el mismo significado. Conciencia es libertad y libertad es conciencia. Entre menos libertad exista, más materia existe. Entre más libertad exista, más conciencia existe.

Cuando decimos que esta mesa es "material", queremos decir que no es libre para moverse. Cuando decimos que tú eres un ser consciente, tú eres libre hasta cierto nivel. Pero si tú te conviertes en la conciencia misma, al ir hacia lo profundo y conocer la fuente…

Sé que tú eres la conciencia misma, no el ser consciente. La conciencia no es una cualidad adjunta a ti, sino que tú eres la conciencia misma. Tú eres completamente libre.

Entonces, procede desde cualquier lugar. Sé más libre o más consciente, y lo otro resultará de modo automático. Sé más libre, y serás más consciente; no podrá ser de otra manera, porque la conciencia crea la libertad. Y cuando uno es absolutamente consciente, es absolutamente libre. Entonces, la existencia de uno no tiene ninguna causa ni propósito. Entonces, todo es un suceso, y un suceso es una *leela*.

*¿Tú has alcanzado el autoconocimiento? Y, ¿cómo explicas tu relación con la existencia y con la gente?*

La palabra que estás utilizando, 'autoconocimiento', es incorrecta, puesto que el conocimiento siempre significa una trascendencia del yo. La palabra 'autoconocimiento' es, por ello, contradictoria. Si uno alcanza el conocimiento, sabe que no hay un yo. Si uno no alcanza el conocimiento, existe un yo. Mientras que el yo es un no-conocimiento, el conocimiento es la ausencia del yo. Por lo tanto, no puedo decir que he alcanzado el autoconocimiento. ¡Sólo puedo decir que no hay un yo ahora!

Hubo un yo —eso fue sólo hasta la puerta—. En el momento en que se entra al templo del conocimiento, ya no se encuentra. Es una sombra que lo sigue a uno hasta la puerta, y no sólo lo sigue, sino que se prende de uno —pero sólo hasta la puerta; no puede entrar al templo—. Si uno tiene que mantenerla, tendrá que permanecer afuera. El yo es lo último que uno tiene para desechar. Uno puede desecharlo todo, pero desechar el yo es tan imposible porque el esfuerzo del autoconocimiento, la empresa del autoconocimiento, es un esfuerzo por parte del yo, para el yo. En el momento en que uno alcanza el conocimiento, *uno* ya no es; uno no hará el intento.

Por lo tanto, todos los grandes maestros han utilizado palabras falaces. 'Autoconocimiento' es una palabra falaz. Pero uno no comprende cuando dicen 'no-autoconocimiento'. Se vuelve absurdo. Pero es lo verdadero: el no-autoconocimiento. Sólo Buda utilizó *anatta*, el no-yo. Sólo Buda lo utilizó. Es por eso que él fue desterrado de la India. Fue expulsado y el budismo no pudo arraigarse a menos que el budismo comenzara a utilizar la palabra 'autoconocimiento'. En China y en Japón, el budismo volvió, y volvieron a utilizar el 'autoconocimiento'. Buda utilizaba el 'no-autoconocimiento'. Yo también utilizo el no-autoconocimiento. Ese es el único conocimiento.

En el momento en que no hay un yo, uno se torna cósmico. ¡Es un juego maravilloso! El conocerse a sí mismo es el único juego, sin duda, el más grande, el máximo. El yo no es algo que debe protegerse; es algo que debe destruirse. Es la barrera que impide alcanzar el potencial máximo de uno, que impide alcanzar el conocimiento máximo.

Por lo tanto, no puedo decir que he alcanzado el autoconocimiento. Diré que he alcanzado el no-autoconocimiento, y éste es el único conocimiento posible. Ningún otro conocimiento existe. El énfasis de todos aquellos que dicen haber alcanzado el autoconocimiento, es sobre el yo y no sobre el conocimiento. Mi énfasis es sobre el conocimiento. Por eso es que niego, de modo enfático, el yo.

¿Cómo me relaciono con el cosmos y con otra gente? Una relación, como tal, existe entre dos seres. Yo soy uno que no está relacionado, uno que no está dentro de una relación. Una relación siempre se da entre dos. Esto puede parecer paradójico, pero en toda relación, uno permanece sin relacionarse, porque una relación existe entre dos. Los dos están. Por lo tanto, una relación es sólo una fachada que oculta la dualidad. Por momentos, uno se engaña pensando que está relacionado, pero, de nuevo, uno es. Uno ha vuelto a caer sobre sí mismo, y no hay relación.

Por ejemplo, cuando estamos involucrados en el supuesto amor, parecemos estar relacionados. Creamos la falacia de una relación, pero, de hecho, sólo nos engañamos a nosotros mismos. Los dos seguirán siendo dos. Independientemente de la cercanía, los dos siguen siendo dos. Incluso en la comunión sexual, serán dos. Este estado de ser dos sólo genera la falacia del estado de ser uno solo. El estado de ser sólo uno jamás puede existir entre dos seres. El estado de ser uno únicamente puede existir entre dos no-seres.

En cuanto a mí, no estoy relacionado con la realidad cósmica, en absoluto. Y, con eso, no quiero decir que estoy aislado. Me refiero a que no hay nadie que pueda existir en una relación. En cuanto a la realidad cósmica, yo soy uno, y la realidad cósmica es una conmigo.

Desde mi lado, yo soy uno, pero en cuanto a los otros, no soy uno desde su lado. Ellos están relacionados. Alguien está relacionado como amigo, alguien está relacionado como enemigo, alguien está relacionado como hermano, y alguien está relacionado como discípulo. Puede ser que ellos estén relacionados conmigo, pero yo no estoy relacionado con ellos. Y todo el suceso que se da dentro de mí está en hacer que no estén relacionados. Pero no puede haber ningún esfuerzo por parte de ellos. Sólo puede tratarse de un conocimiento del no-yo.

Si ellos saben que no hay nadie que pueda ser un discípulo, como tampoco hay nadie que pueda ser un gurú, si saben que no hay nadie que se pueda relacionar con alguien, sólo entonces, el yo se derrumba y el vacío de uno está al desnudo. Y no hay ropa que otorgue una frontera, un yo. En la desnudez absoluta, cuando uno sabe que no hay un yo, uno no es más que un espacio, un cielo interior, vacío —entonces, se vuelve uno solo—. O se puede decir que, entonces, uno realmente se relaciona. Cuando el estado de ser uno solo sucede, el yo de uno mismo no es.

Tú me has preguntado cómo estoy relacionado con el cosmos y con la gente. Para mí, el cosmos y la gente no son dos cosas separadas. Lo cósmico sucede de tantas formas, y una de esas formas es la gente. Lo cósmico sucede de tantas formas: el sol, las estrellas, la tierra, los animales, la gente. Sólo varían las frecuencias, la divinidad es la misma. Así que, para mí, el cosmos y la gente no son dos cosas separadas.

Cualquier cosa que yo haya dicho, no proviene del pensamiento. Es un hecho. Pero si pienso —y tengo que pensar para comprender su lado— entonces, tú estás relacionado conmigo porque tú *eres*, y siempre y cuando seas, estarás relacionado. Eso crea una situación difícil. A diario, momento a momento, crea una situación difícil.

Tú te sientes relacionado conmigo. Sientes que perteneces a mí. Entonces, comienza a esperar que yo debo de pertenecerte a ti. Por motivo de esa expectativa, sé que estás destinado a la frustración. Una persona que es un yo, está destinada a la frustración, aunque quizá le lleve más tiempo. Sin embargo, si tú eres una persona que es un no-yo, no te llevará ni siquiera un corto tiempo. Cada momento será frustrante porque no se satisfarán tus expectativas. No hay nadie que las satisfaga.

Por lo tanto, soy muy irresponsable, porque no hay nadie que pueda ser responsable. Hay respuestas, pero nadie que sea responsable, por lo cual, cada respuesta es, por ello, atómica. No puede ser una secuencia, por lo cual tú no puedes esperar nada del momento que seguirá. Ni siquiera yo mismo lo sé. La respuesta va a ser atómica, cada una en sí misma, completa y de ningún modo relacionada con el pasado o con el futuro.

El ego es una serie de eventos, sucesos y recuerdos. Así es porque tú existes dentro de una serie —e intentas tomarme a mí como una serie, pero eso se vuelve difícil—. Por lo tanto, todos se sentirán, en algún momento, enojados conmigo, porque mi respuesta es atómica y no parte de una serie. La respuesta que es parte de una serie se convierte en responsabilidad. Entonces, tú puedes apoyarte.

Yo soy un muy mal apoyo. Nunca se puede contar conmigo —yo mismo no puedo contar conmigo mismo—. No sé lo que está por suceder. Acepto y estoy completamente abierto ante cualquier cosa que suceda. Y nunca pienso en términos de una relación, no puedo pensar; más bien, vivo en términos de ser uno sólo.

Cuando tú estás cerca de mí, no quiere decir que estoy relacionado contigo. Yo me convierto en uno sólo contigo. Y tú interpretas esta condición de ser uno sólo, como amor. Pero el ser uno solo no es amor ni odio, porque todo lo que se conoce como amor, se puede convertir en odio en cualquier momento. Aunque esta condición de ser uno solo jamás se puede convertir en odio. Tú puedes estar cerca o lejos, tú puedes ser un amigo o un enemigo; no tiene importancia. En lo que respecta a mí, tú puedes irte o venir hacia mí, no tiene importancia.

Una relación es condicional; el estado de ser uno solo es incondicional. Una relación siempre tiene condiciones. Si algo en las condiciones cambia, la relación cambiará. Todo está siempre encima de un volcán. Toda relación está siempre en un estado de oscilación, siempre en el proceso de morir, siempre cambiando. Por lo tanto, toda relación crea temor, porque siempre existe el peligro de que se rompa. Y entre más temor haya, más uno se aferra y, entre más se aferra uno, crea más temor.

Pero el estado de ser uno solo es todo lo contrario. El estado de ser uno solo es incondicional. Existe porque no se tiene la esperanza de alguna condición, alguna expectativa, alguna satisfacción, algún resultado futuro. No está condicionado por el pasado, ni por el futuro. Es una existencia momentánea y atómica, sin relación con el pasado ni con el futuro.

Por lo tanto, yo siento el estado de ser uno solo con el cosmos y con la gente y, desde el cosmos, el sentimiento es el mismo. Al sentirme uno con el cosmos, desde el cosmos, el sentimiento es el de ser uno solo. En algún momento, yo no sentía esto, pero ahora sé que el cosmos siempre ha sentido esto en torno a mí.

El estado de ser uno solo siempre está en flujo, siempre ha estado en flujo; para el cosmos, ha habido una espera eterna. Ahora, lo siento yo en torno al cosmos; también lo siento en torno a la gente. En el momento en que alguien siente este estado de ser uno solo en torno a mí, aquella persona se convierte en parte de lo cósmico. Y cuando uno siente ese estado de ser uno solo con tan sólo una otra persona, ha conocido el sabor. Ha conocido el sabor del éxtasis. Entonces, puede lanzarse hacia el todo.

Por lo tanto, esto es lo que está sucediendo a mi alrededor. No digo que estoy haciendo —esto está sucediendo a mi alrededor.

Yo te diré a ti que te acerques a mí, sólo para darte a probar de este estado de ser uno solo, y si tú puedes darte cuenta de esto, incluso por tan sólo un momento, jamás volverás a ser el mismo. Es un esfuerzo que requiere de mucha paciencia, es desconocido e impredecible. Nadie puede saber cuándo se acerca el momento. A veces, la mente de uno está tan sintonizada, que puede sentir ese estado de ser uno solo. Es por ello que insisto en la meditación, porque no es nada más que el sintonizar la mente a tal grado, que uno se puede lanzar hacia ese estado de ser uno sólo.

Para mí, la meditación significa la sintonía de la mente con el estado de ser uno sólo. Esto puede suceder únicamente cuando la meditación ha ido más allá de uno; de otro modo, no puede suceder. Si está por debajo de uno —si uno lo está haciendo, si uno es el que controla—, no puede suceder, porque uno es la enfermedad. Por lo tanto, yo te persuado de practicar la meditación, dentro de la cual, al atravesar ciertos límites, tú dejarás de ser. La meditación te dominará. Poco a poco, tú serás empujado. Por supuesto que tú iniciarás la meditación, porque no puede ser de otra forma. Tendrás que iniciarla tú, pero tú no la terminarás. En algún punto intermedio, en algún lugar, el suceso ocurrirá. La meditación te atrapará. Tú serás arrojado y entrará la meditación. Entonces, tú estarás en sintonía con el cosmos. Entonces, serás uno solo.

El estado de ser uno solo es importante, la relación no es importante. Una relación es *sansar*: el mundo. Y es por la relación que debemos nacer una y otra vez. Al conocer el estado de ser uno solo, no hay nacimiento y, entonces, no hay muerte. Entonces, no hay nadie salvo uno mismo. Todos están incluidos. Uno se ha vuelto cósmico. Antes de que llegue el estado de ser uno solo, el individuo debe apartarse. Antes de que llegue lo divino, el ego debe apartarse.

El ego es la fuente de toda relación. El mundo es relación. El estado de lo divino no es una relación, la divinidad no es una relación. Lo divino no es el *yo*. Esto significa que no se puede ser uno con él. Por lo tanto, un *bhakta*, un devoto, jamás puede alcanzar lo cósmico, porque piensa en términos de una relación —una relación con el Dios padre, el Dios amante, el Dios amado—. El devoto sigue pensando en términos del yo y del otro. Jamás puede trascender el ego. Esto es muy sutil, porque el devoto siempre está luchando por rendirse. La devoción, el camino a la devoción, es el camino de la rendición. El devoto intenta rendirse, pero ante alguien.

Si uno intenta rendirse ante alguien, el otro está ahí. Y el otro no podría existir si uno no es; por lo tanto, uno sigue existiendo entre sombras. Uno se olvidará de sí mismo, pero el olvidarse de sí mismo no significa rendirse. Se recuerda lo divino de tal modo, que uno mismo deja de recordarse, pero uno sigue estando en el fondo, existiendo entre sombras. De no ser así, Dios no podría existir como el otro.

Por lo tanto, el camino de la devoción, tal y como existe, no puede llevar a lo trascendente, a lo cósmico, a ser uno solo. Para mí, no se trata de rendirse ante alguien, sino simplemente de abandonar el yo —no a los pies de alguien, sino simplemente abandonarse—. Cuando no hay un yo, entonces uno se convierte en uno solo.

El yo puede seguir generando las semillas, puede seguir creando la decepción. Y la decepción más grande y más segura es aquella del devoto y de Dios —una decepción religiosa—. Cualquier decepción que se torna religiosa puede ser peligrosa, porque ni siquiera se puede negar. Incluso, el negarla, genera culpa. Uno se sentirá culpable al negarle el yo a lo divino, pero para lo divino, el yo es la proyección del ser de *uno*. En el momento en que uno es un no-yo, no existe un yo en lo que respecta a la existencia. La existencia entera se ha tornado un no-yo. Y cuando toda la existencia deja de ser un yo, uno se hace uno solo con ella.

El no-yo es el camino.

El no-yo es la devoción verdadera.

El no-yo es la rendición auténtica.

Por lo tanto, el problema es siempre el yo. Incluso si pensamos en la liberación, *moksha*, pensamos en la libertad para el yo, no en la libertad *del* yo. Pensamos que, entonces, seremos libres. Pero entonces no se puede ser libre —*moksha* no es la libertad *para* el yo, sino la libertad *del* yo—. Por lo tanto, yo existo dentro de un no-yo, dentro de un flujo, en un proceso del abandono del yo. No soy un yo, como tampoco hay alguien que sea un yo.

Por ejemplo, las olas están en el mar, pero cada ola se interpreta a sí misma de modo equivocado, como algo separado del mar. La ola parece estar separada. Se puede engañar a sí misma —hay tantas olas alrededor, y cada ola parece ser distinta—. Mi ola es más alta y la suya será más baja, o mi ola será más baja y la suya será más alta. ¿Cómo puede ser lo mismo? Y las olas no pueden asomarse a lo profundo del mar. Sólo se conoce la superficie. Tu ola se está muriendo, y la mía es joven y crece. Tu ola ha llegado a la costa, y yo estoy aún lejos de esa costa. ¿Cómo puedo pensar que ambos somos lo mismo? Sin embargo, pensemos o no que así es, somos lo mismo.

Entonces, la ola que se conoce como "yo" no es un ego, ni un yo. Esta ola ha sabido que el océano es la ola. La ola es sólo un fenómeno superficial. Una superficie es una apariencia, un movimiento. Esta ola que llamo "yo", no ha sabido que la ausencia de olas, el mar sin olas, es lo real. Incluso tu ola no es distinta.

He conocido aquello que lo une todo. Tú puedes denominarlo autoconocimiento, pero yo no lo haré. Yo lo denominaré no-autoconocimiento, porque esta esencia es la de todos los conocimientos. Esto es el no-yo. Creo que tú comprendes lo que estoy queriendo decir.

Cualquier cosa que yo haya dicho puede no ser lo que pretendo decir, y lo que pretendo decir puede no ser lo que he dicho. Así que no confundas lo que digo con lo que pretendo decir, pero siempre mira hacia lo profundo. Siempre escucha aquello que no se ha dicho, sino que ha sido señalado. Todo lo que es profundo, todo lo que es lo máximo, sólo se puede mostrar, mas no se puede decir. Y yo estoy diciendo cosas que no se pueden decir. Por lo tanto, no pienses en mis palabras. Siempre desecha las palabras como algo sin significado; luego, ve a lo profundo del significado carente de palabras, al significado silencioso. Siempre está ahí, debajo de la palabra.

Las palabras siempre están muertas, el significado siempre vive. Uno puede estar abierto a las palabras, pero uno jamás puede estar abierto a través de la comprensión intelectual. Uno puede estar abierto con todo su ser, no sólo con el intelecto. No es que el intelecto malinterprete a momentos —el intelecto *siempre* malinterpreta—. No es que el intelecto se equivoque a momentos —el intelecto es el error mismo—. Siempre se equivoca.

Por lo tanto, ten simpatía por cualquier cosa que se diga. No trates de comprenderla, deja que penetre en lo más profundo de tu ser. Sé vulnerable y abierto a ella. Deja que se te meta en lo profundo del corazón. No crees barreras intelectuales. Entonces, participando con todo su ser, sabrás. Quizá no comprendas, pero sabrás. Y el comprender no basta, hace falta saber. El intelecto comprende; el ser, sabe. El intelecto es únicamente una parte, su ser es lo verdadero.

Cuando se sabe algo, se sabe con la sangre, se sabe con los huesos, se sabe con los latidos del corazón. Pero si uno comprende, lo hace únicamente con el mecanismo de la mente, la cual no es muy profunda. Es sólo un instrumento, un instrumento utilitario que es necesario para la sobrevivencia, que se necesita para estar relacionado, pero que se convierte en una barrera en el esfuerzo por alcanzar el estado de ser uno sólo, la muerte espiritual y la resurrección. Es meramente un instrumento natural para poder sobrevivir. No está intencionado para revelar la verdad absoluta. No está intencionado para conocer los misterios ocultos —y los misterios están ocultos.

Por lo tanto, cualquier cosa que yo esté diciendo, no pienses en ella. Vete a casa y deja que repose. Déjala entrar, deja que te penetre. No te protejas a ti mismo; ábrete. Cada protección propia va en contra del saber. Y sólo cuando esa cosa haya alcanzado la parte más recóndita de tu ser, será conocida y realmente comprendida. Eso es lo que se quiere decir con *shraddha*: fe. No significa creencia. La creencia es intelectual. Uno puede creer intelectualmente, uno puede desmentir intelectualmente —ambas cosas son intelectuales—. La fe no es en absoluto intelectual. Es la participación mística completa. Es el ser uno solo con los misterios ocultos. Es un salto.

Por ello, en cuanto a cualquier cosa que yo diga, no me interesa en absoluto la teoría, no me interesa en absoluto ninguna filosofía. Me interesa el salto existencial. Cuando digo algo, es sólo para conducirte a ti hacia aquello que no se puede decir. Y cuando utilizo palabras, es sólo para conducirte a ti hacia el silencio. Cuando hago alguna aseveración, es sólo para señalar aquello que no se puede aseverar. Mi expresión no es realmente para expresar algo, sino para señalar lo inexpresable.

Así que ten simpatía, porque sólo la simpatía puede ser la apertura. Deja que lo que yo haya dicho, descienda dentro de ti; florecerá. Si la semilla va hacia lo profundo, florecerá. Cuando llegue la flor, tú sabrás qué es aquello que se ha dicho, pero que no se pudo decir. Tú sabrás aquello que se ha dicho, pero que permanece sin decirse.

# Capítulo 2
# Sannyas: viviendo en la inseguridad

———————————— ☀ ————————————

*¿Por qué le das sannyas a casi cualquier persona que viene a verte?*
*¿Cuál es tu idea de sannyas? ¿Qué obligación implica?*

Para mí, *sannyas* no es algo muy serio. La vida misma no es demasiado seria, y aquel que está serio, siempre está muerto.

La vida es sólo una energía desbordante sin ningún propósito y, para mí, *sannyas* es vivir la vida sin propósito. Vive tu vida como un juego y no como un trabajo. La así denominada mente seria, la cual está enferma, en efecto, convertirá el juego en trabajo. Los *sannyasins* hacen todo lo contrario: convierten el trabajo en juego. Si uno puede asumir esta vida como un mero sueño, una actuación-sueño, entonces es un *sannyasin*. Aquel que considera la vida como un sueño, un sueño-drama, ha renunciado.

La renunciación no es el abandonar el mundo, sino cambiar de actitud. La actitud de cambiar al mundo es algo serio. Por eso es que puedo iniciar a cualquiera en *sannyas*. Para mí, la iniciación misma es un juego. No exigiré ningún requisito, independientemente de que alguien cuente o no con los requisitos, porque los requisitos se piden cuando se hace algo serio. Por lo tanto, todos, por el simple hecho de existir, cuentan con los suficientes requisitos para jugar. Cualquiera puede jugar, incluso sin contar con los requisitos, no tiene importancia, porque todo es sólo un juego. Por eso no exigiré ningún requisito.

Y, del mismo modo, mis *sannyas* no implican ninguna obligación. En el momento en que uno es un *sannyasin*, está en completa libertad. Significa que, entonces, uno ya no tiene que tomar ninguna decisión. Ha tomado la última decisión: el vivir en la indecisión, el vivir con libertad.

Aquel que vive decidiendo cosas jamás puede ser libre. Siempre está atado a su pasado porque la decisión se tomó en el pasado. Jamás se puede tomar una decisión para el futuro porque el futuro es desconocido y cualquier decisión que se tome estará atada al pasado. El momento en que uno está iniciado en *sannyas*, se ha iniciado en un futuro inexplorado, no planeado. Entonces, ya no está atado al pasado. Uno será libre para vivir. Eso significa actuar, jugar y ser cualquier cosa que le suceda a uno. Esto es la inseguridad.

El renunciar a un nombre, a una propiedad, no es realmente inseguridad, es una inseguridad muy superficial. La mente permanece siendo la misma, la mente que pensaba aquella propiedad como una forma de seguridad. Incluso la propiedad no es seguridad alguna y uno morirá con toda su propiedad. Incluso una casa no es seguridad alguna, uno morirá dentro de ella. Por lo tanto, la falsa noción de que la propiedad, la casa, los amigos y la familia, son formas de seguridad, aún prevalece en la mente que piensa: "He renunciado; ahora vivo en la inseguridad".

Sólo aquella mente, sólo aquella persona que vive sin estar atada a su pasado, vive en la inseguridad. La inseguridad significa no estar atado al pasado; y tiene tantos significados, porque todo lo que uno sabe viene del pasado. Incluso la mente de uno es del pasado.

Por lo tanto, alguien que renuncia al conocimiento está verdaderamente renunciando a algo. Uno mismo proviene del pasado, no es más que un cúmulo de experiencias. Así que aquel que renuncia a sí mismo, renuncia a algo. Todos los deseos y todos los anhelos y todas las expectativas —todo esto confirma el pasado—. Aquel que renuncia a su pasado, renuncia a sus deseos, a sus anhelos, a sus expectativas.

Entonces, uno será igual que el vacío, que la nada, que un nadie. *Sannyas* significa desechar toda afirmación de ser alguien.

Entonces, uno se introduce a la no-identidad, al estado de ser nadie. Por lo tanto, esta es la última decisión de la mente, con lo cual el pasado se cierra. La identidad se rompe, la continuidad no existe. Uno es nuevo; renace.

Cualquier persona con vida cumple con los requisitos para vivir en la inseguridad. Si uno va a vivir realmente, uno debe vivir en la inseguridad. Todo arreglo de seguridad es una renuncia a la vida. Entre más seguridad se tenga, menos se vive. Entre más muerto se esté, más seguro se está, y viceversa. Por ejemplo, un hombre muerto no puede volver a morir, él es inmune a la muerte. Un hombre muerto no puede estar enfermo, por lo cual es inmune a la enfermedad. Un hombre muerto está tan seguro, que aquellos que siguen viviendo le pueden parecer ridículos —viven en la inseguridad.

Si uno está vivo, es inseguro. Entre más inseguro, más vivo. Por lo tanto, para mí, un *sannyasin* es una persona que decide vivir al óptimo, al máximo; es igual que una flama quemándose de ambos polos.

No hay ninguna obligación, no hay ningún compromiso. Uno no está sujeto a disciplina alguna. Si se le quiere llamar disciplina a la inseguridad, ese es otro asunto. Por supuesto que es una disciplina interna. ¡Uno no sería anarquista, no! ¿Cuándo he dicho que una persona será anarquista? La anarquía siempre está atada a un orden, a un sistema. Si se renuncia al orden, jamás se puede ser desordenado. ¡No se trata de negar el orden, sino de renunciar a él, y entonces la renuncia significa estar ordenado! Es únicamente una actuación, una obra de teatro para los ojos de otros. Uno no se lo tomará en serio, se trata sólo de un papel dentro del juego. Uno camina hacia la izquierda o hacia la derecha, por el bien de otros, por el bien del tránsito, pero no hay seriedad en ello; nada en ello es serio.

Por lo tanto, el *sannyasin* no va a ser desordenado. En lo que respecta al *sannyasin* mismo, en lo que respecta a su conciencia interior, no habrá orden. Eso no significa que habrá desorden, porque el desorden siempre es parte del orden. Cuando hay orden, existe la posibilidad del desorden. Cuando no hay orden, no hay desorden, porque hay espontaneidad. Momento a momento, se vive; momento a momento, se actúa. Cada momento está completo en sí mismo. Uno no decide por él. Uno no decide cómo actuar. El momento le llega a uno, y uno actúa. No hay predeterminación, no hay ningún plan previo.

El momento le llega a uno. Uno le sucede al momento y, sea lo que sea que salga, uno debe dejarlo venir. Más y más, uno sentirá que crece dentro de sí mismo una disciplina —una disciplina que se hace de momento a momento. Es una dimensión muy distinta, así que será mejor comprenderla claramente. Cuando uno decide con anticipación qué hacer, es porque piensa que no está lo suficientemente consciente para actuar de modo espontáneo cuando llegue el momento. No se tiene confianza en sí mismo; por eso uno toma decisiones con anticipación.

Y aún entonces, uno está decidiendo. Uno no puede actuar en el momento, por lo tanto, ¿cómo decidir con anticipación? Ahora se tiene menos experiencia. Uno tendrá más experiencia cuando llegue el momento. ¿Si yo no puedo creer en el "yo" de mañana, cómo puedo creer en el "yo" de hoy? Y cuando tengo que decidir con anticipación, no tiene ningún sentido. Sólo será destructivo.

Decido hoy y actúo mañana. Pero mañana, todo habrá cambiado. Todo será nuevo, y la decisión será vieja. Y si no actúo de acuerdo con el momento, hay culpa. Por lo tanto, todo aquello que enseña que deben tomarse decisiones con anterioridad, genera culpa. No actúo y luego me siento culpable. Y si actúo, entonces no puedo actuar de modo adecuado, y seguramente vendrá la frustración.

Por lo tanto, yo digo que no hay que comprometerse con ninguna decisión, y así, se puede ser libre. Permite que cada acto, cada momento, te llegue, y permite que tu ser completo decida… en ese momento. Deja que la decisión venga al tiempo que sucede el acto. Nunca permitas que la decisión preceda al acto, puesto que, de lo contrario, el acto jamás será total.

Uno debe de saber que cuando se toman decisiones con anticipación, se decide con el intelecto. El ser completo jamás puede participar en esa decisión si el momento no ha llegado. Si yo amo a alguien y decido que, cuando me encuentre con él o con ella, actuaré de esta u otra manera, que diré esta u otra cosa, que haré tal cosa y no tal otra, esto sólo puede ser del intelecto, de la mente. Esto jamás podrá ser total, puesto que el momento no ha llegado. El ser total no ha sido retado y, por lo tanto, ¿cómo puede actuar el ser completo?

Y cuando he decidido con anterioridad y llega el momento, el ser total no podrá actuar porque estará presente la decisión. Por lo tanto, sólo imitaré, seguiré y copiaré lo anterior. Seré el hombre falso. No seré real porque no seré total. Tendré un plano que me indique cómo actuar; actuaré de acuerdo con ese plano. De nuevo, este acto será del intelecto y no del ser completo. Entonces, o se tiene éxito o se fracasa, pero en ambos casos, se ha fracasado, porque el ser total no pudo ser parte. No se sentirá amor.

Así, permite que llegue el momento, que el momento te rete y que tu ser completo actúe. Entonces, el acto será total. Entonces, el ser completo participa en el acto. ¡Entonces, estarás completamente dentro del acto! Y lo mejor saldrá de esta totalidad y nunca de las decisiones. Por lo tanto, *sannyas* significa vivir momento a momento, sin ningún compromiso con el pasado.

Y seguiré entregándole sannyas a todo aquel que esté conmigo, incluso por un solo momento, porque, como he dicho, no sé nada en absoluto acerca del mañana. Por lo tanto, no puedo esperar. Si tú llegas en este momento, lo que sea que haya que hacerse, se hará. En este momento, no puedo esperar. No sé nada acerca del mañana, acerca de lo que sucederá, y no puedo hacer planes. Así que en el momento en que tú estás conmigo, lo que sea que se esté haciendo, se hará en este mismo momento. No puede ser pospuesto porque para mí no hay futuro alguno.

Y este *sannyas* no es el viejo *sannyas*. Es un concepto totalmente nuevo, o bien un concepto totalmente antiguo que había sido olvidado por completo —se le puede llamar de cualquiera de las dos formas—. Es el concepto más nuevo a la vez que el más antiguo, porque cuando ha habido *sannyas*, en verdad, así ha sido. Pero siempre hay imitadores y no se pueden negar: son. Existen imitadores y siempre los habrá. Y hacen de todo una disciplina porque sólo una disciplina puede ser imitada.

*Sannyas* no se puede imitar. La libertad no se puede imitar y, por lo tanto, *sannyas* jamás se puede imitar. Pero, ¿qué pueden hacer aquellos imitadores? Harán de esto un sistema —los imitadores siempre crean sistemas—. Salvo destruir *sannyas*, no destruyen mucho más, porque la vida como tal se vive como una imitación. La imitación sucede, el mundo entero imita. La crianza misma es una imitación —del lenguaje, de la moralidad, de la sociedad, de la cultura; todo es a través de la imitación—. Todo es absorbido por medio de la imitación.

Por lo tanto, las imitaciones tienen éxito en todo menos en lo que respecta a *sannyas*. Ahí, destruyen mucho. No pueden destruir ninguna otra cosa, porque, en todas partes, la imitación es la regla. No se puede ser libre con el lenguaje, se debe imitar. No se puede ser libre con la estructura social, se debe imitar. Los imitadores tienen éxito en todas partes. Sólo con respecto a *sannyas*, la dimensión de la libertad absoluta es algo con lo cual los imitadores se tornan muy peligrosos porque su dimensión misma es todo lo contrario. La imitación destruye *sannyas*. Jesús es imitado, existe la *imitación de Cristo*. Donde sea que se imiten *sannyas*, *sannyas* deja de existir. Cuando digo que no hay compromiso, significa que no habrá imitación.

Tú eres totalmente libre, yo te arrojaré hacia una apertura. Esto es a lo que se refiere el término iniciación. No se trata de reducir tus opciones, sino de lanzarte a un cielo abierto. Es empujarte a volar en un cielo abierto. Por supuesto que no hay rutas ni mapas, no puede haberlos. Y no puede haber ningún camino trazado en el cielo. Tienes que volar a solas, tienes que depender sólo de ti mismo. Tu existencia será tu compañía —la única compañía.

La vida es igual que el cielo. No es como los senderos de la tierra, no puede seguirse ningún camino trazado, seguirlo es imposible. Se tiene que estar a solas. La iniciación significa que ahora yo te empujo hacia la soledad. Entonces, estarás completamente solo, sin depender de nadie, ni siquiera de mí. Requiere de valentía. Imitar es fácil, seguir es fácil, depender de alguien es fácil. Pero el estar a solas sin mapa alguno, sin disciplina alguna, sin sistema alguno, requiere de la mayor valentía. Y un *sannyasin* es alguien que tiene valentía. Esta valentía no se puede imitar, tiene que desarrollarse por medio del vivir.

Tú te equivocarás, te extraviarás. Eso está implícito. Pero, por medio del error, aprenderás, y por medio del extravío, darás con lo correcto. No hay otra manera. Tienes que atravesar dificultades. Este caminar a solas, este volar a solas… uno tiene que atravesar toda esta austeridad. Y este *sannyas* es distinto también en otro sentido, porque el viejo *sannyas*, es decir, el supuesto *sannyas* que predomina, es más una renunciación social que una renunciación espiritual. Incluso su estructura social es más fisiológica que espiritual.

*Sannyas* es básicamente espiritual. Por lo tanto, uno puede recibir *sannyas* en cualquier lugar, donde sea que se encuentre. Exige que uno se involucre interior, profunda y espiritualmente. Desde mi punto de vista, entre más se esté fisiológicamente involucrado, menos existe la posibilidad de ir a lo profundo porque, una vez que lo fisiológico esté involucrado, uno jamás se saldrá de ahí. Jamás saldrá de ahí porque hay imposibilidades intrínsecas: si alguien intenta estar por encima de sus deseos, está luchando por algo que es imposible, puesto que el deseo es natural. El cuerpo no puede existir sin el deseo. Así que uno continuará aferrado al cuerpo y el deseo seguirá estando ahí —menos, por supuesto, pero estará—. Y entre más débil sea el cuerpo, el deseo será sentido con menos fuerza. Por lo tanto, uno seguirá debilitándose, pero a menos que uno muera, el cuerpo tendrá deseo.

No sólo existen los deseos, sino las necesidades. Las necesidades se deben satisfacer y, entre mejor se satisfagan, menos nos inquietan, menos nos exigen, menos tiempo se requiere para ellas. De modo que si uno está luchando con necesidades fisiológicas, desperdiciará su vida entera. Este proceso, este viejo *sannyas* es negativo; el luchar contra algo. Por supuesto que fortalece al ego. Si uno es capaz de matar un deseo, puede volverse más egoísta. Si uno puede negarle al cuerpo un deseo particular, se vuelve más egoísta. La lucha, de cualquier modo, siempre satisface y fortalece al ego.

Para mí *sannyas* es algo positivo, mas no negativo. No significa negar las necesidades corporales. No significa negar las necesidades superficiales, sino desarrollar e incrementar el interior de uno. No significa luchar contra algo, sino dedicarle toda la energía a hacer que algo crezca. El ser debe de crecer y madurar. Entre más crece el ser, menos será uno su ego. Y una vez que haya crecido el ser, se sabe lo que es el deseo y lo que es la necesidad. De lo contrario, jamás se podrá saber; jamás se podrá hacer una distinción entre un deseo y una necesidad.

El deseo siempre es desquiciado, la necesidad es siempre sensata. Si uno niega sus deseos, se vuelve suicida. Si uno sigue incrementando sus deseos, de nuevo, se vuelve suicida. Si sigue negando sus deseos, está cometiendo el suicidio. Si uno sigue incrementando sus deseos, de nuevo, está cometiendo el suicidio, de modo distinto.

Si los deseos se vuelven demasiado, si los deseos son excesivamente grandes, uno se volverá loco. La tensión será insostenible. Si uno niega sus deseos, de nuevo crea tensiones que se volverán insostenibles. Por lo tanto, hay dos tipos de mentes suicidas: una que continúa negando sus necesidades, y la otra, que sigue transformando sus deseos en necesidades. Y esta distinción nunca se puede hacer de modo externo. Nadie puede decidir por uno cuál es el deseo y cuál es la necesidad. La conciencia propia será la medida porque mientras que para uno algo puede constituir una necesidad, para otro, eso mismo constituye un deseo. No hay ninguna respuesta prefabricada.

Sólo se puede decir que aquello sin lo cual uno no puede existir, es la definición mínima de una necesidad. Pero la conciencia propia es la que decidirá, ultimadamente, y tampoco eso se puede decidir de modo definitivo, ya que hoy, algo puede ser una necesidad y mañana, eso mismo puede ser un deseo. En este momento, es una necesidad y, en otro, un deseo. Pero cuando hay conciencia positiva, uno está al tanto de su propia mente y de sus mañas y de su potencial destructivo; cuando uno esté consciente de su ego, de las formas en que el ego se fortalece, de las formas en que se nutre, sabrá distinguir.

No soy negativo. *Sannyas*, *neo-sannyas*, es absolutamente positivo. Significa desarrollar algo dentro de uno. Yo te otorgaré una actitud positiva en torno a tu ser, no una actitud negativa. Tú no deberás negar nada. Por supuesto que muchas cosas pueden negarse —tú mismo no las negarás, sino que sucederán de modo automático—. Entre más vayas hacia tu interior, más se encogerá tu exterior. Entre menos se sea un ser interno, más se debe sustituir a sí mismo de modo externo. Uno continuará expandiéndose.

Pero no luches con tu yo expansivo y exterior. Lucha con la semilla que eres tú, que puede crecer a tal grado que este sinsentido externo se derrumbará de modo automático. Una vez que se conocen las riquezas interiores, no hay nada del mundo exterior que se les compare. Una vez que se conoce la felicidad interna, el disfrute es absurdo, todo lo que sucede en nombre del entretenimiento es absurdo, estúpido. Simplemente se derrumba, una vez que se conoce el éxtasis interior. Entonces, todo aquello que se conoce como felicidad y alegría, no será nada más que un engaño. Pero no antes —a menos que uno haya conocido la felicidad interior, no se puede decir eso, y si se dice, estará engañándose aún más.

Una actitud positiva en torno a *sannyas* significa una dimensión del todo distinta. Uno puede estar en el lugar en el que esté, uno puede continuar haciendo todo lo que está haciendo —ningún cambio externo se requiere de inmediato—. Por supuesto que habrá cambios, pero llegarán por sí solos. Cuando lleguen, permite que lleguen, pero no trates, no hagas ningún esfuerzo. No los fuerces a llegar. Y yo veo una mayor posibilidad de *sannyas* positivos, de renunciación positiva, en el mundo que está por venir.

Ese concepto negativo de negarse a sí mismo era posible antes por muchas razones. Una es la forma en que estaba estructurada la sociedad. Todas las sociedades agrícolas podían permitir que hubiera algunas personas sin trabajo alguno. Pero entre más se industrializa la sociedad, menos existe la posibilidad de que existan familias unidas. Entre más individualidad exista, menos probabilidad habrá de que existan familias unidas. Una estructura económica suelta permitía la existencia de más familias unidas, pero entre más planeada sea la economía, menos probable será que existan familias unidas. Hoy en día, aquellos que eran *sadhus* y monjes parecen explotadores. Ahora no pueden ser respetados, ahora no pueden existir. Desde mi punto de vista, todos deben hacer lo que puedan hacer; uno debe contribuir a la sociedad en la que existe. Uno no debe permanecer siendo un explotador. Uno no debe ser —y la persona religiosa *no puede* ser— un explotador. Y si una persona religiosa puede explotar, no podemos esperar que otros no lo hagan.

Para mí, un *sannyasin* no será un explotador. Se ganará la vida. Será un productor y no un consumidor. Un concepto productivo va de la mano con lo positivo. El viejo concepto de los monjes no productivos cabía dentro de la actitud negativa. La actitud positiva tendrá más implicaciones. Por ejemplo, el viejo concepto de *sannyas* negaba muchas cosas. Negaba la familia, negaba el sexo, negaba el amor. Negaba todo aquello que contribuye a la felicidad de una sociedad —todo aquello que contribuye a la felicidad de uno—. Negaba. Yo no niego.

Eso no significa que permito. Cuando digo que no niego, sólo significa que un momento puede llegar cuando una persona se vuelva completamente trascendente en torno a, por ejemplo, el sexo. Eso es otra cosa que no es un requisito, sino una consecuencia. No se necesita previo a *sannyas*, vendrá después de *sannyas*. Y uno no debe sentir culpa si no llega. El viejo concepto es muy cruel, era sádico y masoquista. El sexo se negaba porque el sexo parece brindar un poco de felicidad.

Tantas religiones permitieron el sexo sin felicidad. Sólo se podía utilizar con fines de reproducción, pero no se debía obtener ninguna felicidad de ello. Sólo así, dejaba de ser un pecado. El sexo no es realmente un pecado. "Pero uno no debe de ser feliz. La felicidad es un pecado". Para mí, todo lo que se le da a los seres humanos no debe ser negado; no debe ser suprimido. Permite que el florecimiento llegue primero. Entonces, verás qué tantos canales de energía han cambiado su curso. Y la diferencia será enorme.

Si se niega el sexo, también se niega el amor. Aquellos *sannyasins* que niegan, carecen de amor. Hablan de amor, pero carecen de amor. Hablan del "amor universal". Siempre es más fácil hablar del amor universal que amar a un individuo —eso es más difícil—. Amar a todo el universo es fácil; nada está involucrado. Y aquel que piensa en términos de la negación, hablará del amor universal y seguirá negando y desarraigando los sentimientos individuales.

La religión que niega el sexo tendrá que negar el amor, porque con amor, existe toda posibilidad de que el sexo le siga. Pero desde mi punto de vista, si el sexo no se niega sino que se transforma con el crecimiento positivo, no existe ninguna necesidad de negar el amor. Uno puede ser amoroso. Y, a menos que uno sea amoroso, la energía que llegue a uno, que no transite a través del canal sexual, no puede ser utilizada. Se volverá destructiva. Desde mi punto de vista, un amor que crece es la única posibilidad de trascender el sexo.

El amor debe crecer. Debe ascender hacia el universo, pero no debe comenzar ahí, jamás surge de lo lejano. Y aquel que piensa que uno debe de comenzar desde lo lejano, se está engañando. Toda trayectoria debe de comenzar de lo cercano. El primer paso que ha de ser tomado, no puede ser tomado desde lo lejano. Uno debe ser un individuo amoroso. Y entre más profundo se hace el amor, uno se vuelve menos sexual y más se extenderá el amor.

Por lo tanto, yo no negaré nada, porque, ultimadamente, se busca la dicha. Todos buscamos la dicha. La felicidad no se ha de negar, pero cuando hay una explosión de dicha, uno sabrá que lo que había considerado como felicidad, es falso. Aunque no se puede desechar en ese momento. Permite que llegue la dicha primero. Eso es lo que significa el crecimiento positivo. Permite que algo se dé dentro de ti, algo mayor, sólo entonces se desechará lo menor. Y tu ego no se fortalecerá a causa de ello porque, cuando se desecha, se desecha algo sin uso, sin valor.

Todos los que dicen haber renunciado hablan de haber dejado esto o aquello. De este modo, demuestran que nada extraordinario ha sido logrado. Cualquier cosa a la cual hayan renunciado sigue siendo importante. Existe en su memoria, sigue siendo parte de su mente, les sigue perteneciendo. Por supuesto que han renunciado, pero, ¿cómo puede uno renunciar a algo que no le pertenece? Si uno sigue pensando en la renunciación, sigue siendo dueño. En un sentido negativo, uno es dueño.

Pero cuando uno conoce un fenómeno mayor —una mayor dicha, una mayor felicidad— entonces, no se está renunciando a las cosas. Simplemente caen por sí solas, como las hojas secas de un árbol. Nadie se entera y nadie lo escucha, las hojas simplemente caen. El árbol no se inmuta ante la caída de sus hojas, ni queda herida alguna. Por lo tanto, para mí, todo tiene su momento para suceder, su momento de madurez —la madurez lo es todo—. Uno debe de madurar; de lo contrario, uno estará deambulando sin necesidad y acosándose a sí mismo sin necesidad y destruyéndose sin necesidad. Uno debe madurar y la oportunidad llegará por sí sola.

La renunciación se logra a través del crecimiento positivo. Es eso lo que quiero decir a través de mis *sannyas*: la renunciación a través del crecimiento positivo. No existe negatividad alguna, negación alguna, supresión alguna.

Acepto al ser humano tal y como es. Por supuesto que mucho es potencial, pero tal y como es, no se le ha de condenar. Él es la semilla, y si se condena a la semilla, ¿cómo se puede aclamar al árbol? Acepto al ser humano tal y como es, completamente, sin negación alguna. Sólo que no digo que sea todo lo que puede ser, que este sea el final. Digo únicamente que este es el principio. El ser humano es sólo una semilla que puede desarrollarse en un gran árbol, mismo que puede crecer y convertirse en divinidad. Cada ser humano puede ser un dios. Pero ahora, tal y como es, únicamente es una semilla. La semilla ha de ser protegida, la semilla ha de ser amada y a la semilla ha de ser otorgada toda oportunidad de crecer.

*Sannyas* significa que uno se ha dado cuenta que es una semilla, un potencial. Esto no es el final. Esto es sólo el principio, y ahora uno debe tomar la decisión de emprender ese crecimiento inicial. Ese crecimiento llega a través de la libertad, ese crecimiento llega a través de la inseguridad. Uno ve una semilla, parece muy segura. Un árbol no es tan seguro. La semilla está cerrada, completamente cerrada. En el momento en que muere la semilla y el árbol comienza a crecer, el potencial comienza a activarse. Existen peligros —habrá inseguridad, habrá toda posibilidad de destrucción, algo muy delicado luchando contra todo el universo—. Pero ahora uno es sólo una semilla, no hay ningún peligro.

Ser un *sannyasin* significa que ahora, uno toma la decisión de crecer. Y esta es la última decisión. Ahora, uno tendrá que luchar, ahora tendrá inseguridad, tendrá peligro y tendrá que luchar y enfrentarlo momento a momento. Esta lucha de momento a momento, esta lucha dentro de lo desconocido, este vivir dentro de lo desconocido, es la verdadera renunciación.

La decisión de crecer es una gran renunciación —una renunciación a la seguridad que se le ha otorgado a la semilla, una renunciación a la integridad que se la ha otorgado a la semilla—. Pero esta seguridad es a cambio de algo muy grande. La semilla está muerta, sólo vive potencialmente. Puede vivir, o puede permanecer muerta. A menos que crezca, que se convierta en árbol, estará muerta. Y, según mi experiencia, los seres humanos, a menos que decidan crecer, a menos que den un salto hacia lo desconocido, serán como semillas: muertas, cerradas.

Ser un *sannyasin* significa tomar la decisión de crecer, tomar la decisión de entrar en el peligro, tomar la decisión de vivir en la indecisión. Esto parece una paradoja pero no lo es. Uno tiene que comenzar por algo e incluso, para vivir en la indecisión, uno tiene que tomar una decisión en algún momento. Incluso entrar en la inseguridad significa ir hacia alguna parte y uno lo tiene que decidir. Yo auxilio tu decisión y creo una situación en la que puedas tomar una decisión. Neo-sannyas puede ir al núcleo mismo del mundo. Puede alcanzar a cualquier persona porque no se requiere de nada especial —sólo entendimiento.

Otra cosa que me gustaría explicar es que este *sannyas* no está vinculado con ninguna religión. En esta tierra, todo tipo de *sannyas* ha sido parte de una religión particular, una secta particular. Eso también es una medida de seguridad. Uno renuncia y, sin embargo, pertenece. Uno dice: "Me he alejado de la sociedad", pero pertenece a la secta. Uno continúa siendo hindú, musulmán o sikh. Uno sigue siendo algo.

En realidad, *sannyas* significa ser simplemente religioso, más no estar atado a ninguna religión. De nuevo, es un gran salto hacia lo desconocido. Las religiones son conocidas pero la religiosidad es desconocida. Una secta tiene sistemas, la religiosidad no tiene sistemas. Una secta tiene escrituras; la religiosidad sólo tiene existencia, mas no escrituras.

Este *sannyas* es existencial, religioso, no sectario. Esto no significa que este *sannyas* le niegue a un mahometano su mahometanismo, que este *sannyas* le niegue a un cristiano su cristianismo. ¡No! Significa, en realidad, lo contrario. Significa que le brindará a los cristianos el verdadero cristianismo. Le brindará al hindú el verdadero hinduismo, porque entre más se vaya a lo profundo de la religión hindú, el hinduismo caerá y quedará únicamente la religiosidad. Entre más se vaya a lo profundo del cristianismo, menos se parecerá al cristianismo y más se parecerá a la religiosidad. De pronto, se llega al centro de la religión.

Cuando digo que, al convertirse en *sannyasin*, no se pertenece a ninguna religión como tal, no me refiero a que se esté negando el cristianismo o el hinduismo o el jainismo. Sólo se niega la parte muerta que se ha convertido en una carga para la religión. Sólo se niega la tradición muerta y uno devela y descubre, de nuevo, la corriente viva, la corriente viva que existe debajo de todo lo muerto: las tradiciones muertas, las escrituras muertas, los guruísmos muertos, las iglesias muertas.

Uno vuelve a encontrar la corriente viva. Siempre está ahí, pero tiene que ser redescubierta; cada cual tiene que redescubrirla. No puede ser transferida, no puede ser transmitida. Nadie se la puede dar a uno. Cualquier cosa que se haya dado estará muerta. Uno tendrá que escarbar dentro de sí mismo, de otro modo, jamás se hallará. Por lo tanto, no doy una religión, sólo doy el empujón para que cada quien encuentre la corriente viva. Será el hallazgo de cada quien, jamás puede ser el de otro. No estoy transmitiéndole nada a nadie.

Hay una parábola…

Buda llega un día con una flor en la mano. Debe impartir un sermón, pero se queda callado. Aquellos que han venido a escucharlo, comienzan a preguntarse qué está haciendo. El tiempo transcurre. Nunca había sucedido algo así y los que han venido se preguntan qué está haciendo Buda. Se preguntan si hablará o no. Entonces, alguien pregunta: "¿Qué está haciendo? ¿Ha olvidado que hemos venido a escucharlo?"

Buda responde: "He comunicado algo. He comunicado algo que no puede ser comunicado por medio de las palabras. ¿Lo han escuchado o no?"

Nadie lo ha escuchado. Pero un discípulo —un discípulo desconocido, que se ha presentado por primera vez, un *bhikkhu* llamado Mahakashyapa— ríe con fuerza. Buda dice: "Mahakashyapa, acércate. Te entrego esta flor y declaro que todo lo que haya podido brindar por medio de las palabras, se los he brindado a todos ustedes. Aquello que es realmente significativo, aquello que no se puede brindar por medio de las palabras, se lo entrego a Mahakashyapa".

La tradición Zen se ha preguntado una y otra vez: "¿Pero, qué es lo que le fue transmitido a Mahakashyapa?" —una transmisión sin palabras—. ¿Qué ha dicho Buda? ¿Qué ha escuchado Mahakashyapa? Y siempre que hay alguien que sabe, esa persona ríe, y el relato permanece como un misterio. Cuando alguien entiende, vuelve a reír. Donde haya personas que son estudiosas, quienes saben mucho y no saben nada, discutirán en torno a lo que se ha dicho, decidirán en torno a lo que ha sido escuchado. Pero alguien que sabe, se ríe.

Bankei, un gran maestro Zen, dijo: "Buda no dijo nada. Mahakashyapa no escuchó nada".

Entonces, alguien pregunta: "¿Buda no dijo nada?"

"Así es", respondió Bankei. "Nada fue dicho, nada se escuchó. Fue dicho y fue escuchado. Yo soy testigo".

Entonces otro dijo: "Usted no estuvo allí".

Y Bankei respondió: "No hace falta haber estado allí. Cuando nada ha sido comunicado, no hace falta que alguien sea testigo. Yo no estuve allí y, sin embargo, soy testigo". Alguien más rió y Bankei dijo: "Él también fue testigo".

La corriente viva no puede ser comunicada. Siempre está

ahí, pero uno tiene que acercarse a ella. Está cerca, a la vuelta de la esquina. Está dentro de uno, uno mismo es la corriente viva. Pero uno nunca ha estado adentro. La atención de uno siempre ha estado afuera, uno ha sido orientado hacia afuera. Uno ha fijado su atención. El enfoque de uno ha sido fijado, de modo que uno no puede concebir lo que significa estar adentro. Incluso cuando hace el intento por estar adentro, simplemente cierra los ojos y sigue estando afuera.

El estar adentro significa un estado en el cual no existe el adentro ni el afuera. El estar adentro significa que no hay una frontera entre uno mismo y el todo. Cuando no hay nada afuera, sólo entonces, se llega a la corriente interna. Y cuando uno lo ha podido atisbar, se transforma. Entonces, uno sabe algo que el intelecto no puede comprender, sabe algo que el intelecto no puede comunicar.

Y sin embargo, uno tiene que comunicarse —incluso por medio de una flor, incluso por medio de una risa—. No hay ninguna diferencia, son gestos. ¿Acaso hay alguna diferencia entre utilizar los labios o las manos o una flor? Únicamente el gesto es nuevo y por eso es inquietante para los demás. Pero es un gesto, igual que lo es un par de labios que se mueven. Hago un ruido y es un gesto. Permanezco callado y es un gesto. Pero el gesto es nuevo, desconocido para ti, por lo cual tú piensas que algo es distinto. Nada es distinto. La corriente viva no puede ser comunicada y, sin embargo, tiene que ser comunicada —de algún modo, tiene que ser señalada; de algún modo, tiene que ser demostrada.

En el momento en que alguien está listo pata aceptar *sannyas*, es para esa persona una decisión que conduce a una gran búsqueda y es un gesto que, para mí, significa que la persona está lista para emprender un salto. Y cuando alguien está listo para cambiar, para deshacerse de una vieja identidad, para renacer como alguien nuevo… Cuando alguien está listo, no necesita cumplir con ningún requisito; eso no tiene importancia. El estar listo es el único requisito. Cuando alguien está listo, yo estoy listo para empujar. No es necesario que esa persona llegue, pero, ¿no es maravilloso que comience?

El que esa persona llegue, no es el punto, en absoluto. Pero uno comienza. El comienzo es algo grandioso. Llegar no es tan grandioso. Comenzar es grandioso porque cuando alguien llega, es capaz. Y cuando alguien comienza, no es capaz. ¿Me entiende? Cuando alguien comienza, es incapaz. Por eso, el comienzo es el milagro.

Un buda no es un milagro. Un buda es capaz, por eso llega. Es tan matemático, que no hay ningún milagro. Pero cuando alguien se acerca a mí, con todos sus deseos, con todos sus anhelos, con todas sus limitaciones, y piensa comenzar, es un milagro. Y cuando yo tenga que elegir entre Buda y aquella persona, elegiré a ésta. Esta persona es un milagro: un ser tan incapaz y tan valiente.

No me interesa en absoluto el fin que alguien pueda lograr. Sólo me interesa el comienzo. Esa persona comienza y sé que cuando hay un comienzo, la mitad del fin ya se ha logrado. El comienzo es lo más importante. Cuando hay un comienzo, uno seguirá creciendo.

No es cuestión de un día o dos, no es cuestión de tiempo. Puede suceder al momento siguiente, o puede que no suceda sino al cabo de muchos nacimientos, pero una vez que se ha comenzado, uno no volverá a ser el mismo. La decisión misma de aceptar *sannyas* es un gran milagro del cambio. Puede ser que no se logre sino al cabo de muchos nacimientos, pero uno no volverá a ser el mismo. Esto llegará de nuevo y volverá a suceder.

Este recuerdo de haber tomado la decisión de ser libre, siempre estará presente en todas las esclavitudes, en todas las sumisiones a las que esté uno sujeto. Esta decisión de ser libre, este anhelo de ser libre, este anhelo de trascender, estará esperando su oportunidad. Por lo tanto, ¿cómo puedo negarle a alguien un comienzo? ¿A quién debo preguntarle si alguien está calificado o no? Si la existencia misma le permite a uno existir, si le permite la vida, y nunca le pregunta a uno: "¿Está usted calificado?", entonces, ¿quién soy yo para hacer esa pregunta?

Yo no estoy brindando la vida, yo no estoy otorgando la existencia, sólo estoy brindando una conversión. Cuando la existencia está preparada para darnos la vida, debemos de estar calificados, con todas nuestras limitaciones y debilidades. Uno debe de ser preciado, incluso ante los ojos de la existencia, uno debe de ser preciado. ¿Quién soy yo para negarle a alguien el comienzo? Pero a veces los gurús se piensan más sabios que la existencia misma. Deciden quién está calificado y quién no. Incluso Dios mismo se acerca a ellos —y ellos deciden quién está calificado y quién no—. Y siempre que alguien se acerca, se acerca Dios. Así que no se ría: siempre que se acerca alguien, se acerca Dios, porque no es nadie más quien puede acercarse.

¿Quién soy yo para negar a alguien cuando se acerca a mí? Tal vez no lo sepa esa persona, tal vez no esté consciente de ello, pero yo estoy consciente de ello: que Dios está en busca de sí mismo. Por eso es que no puedo negarlo, sólo me puedo alegrar por su comienzo. Por eso es que no se hace ninguna distinción, por eso no se requiere que la persona esté calificada. Y *sannyas* es necesario en este momento, para la humanidad entera. La humanidad entera lo necesita. Nos hemos vuelto tan ignorantes de la corriente viva, nos hemos vuelto tan ignorantes de la divinidad de adentro y de afuera, que cada uno de nosotros debe de hacerse consciente. De lo contrario, la situación decaerá tanto, que tal vez nos tardemos un siglo en recuperarnos. Ha estado sucediendo por mucho tiempo.

Darwin pensaba que éramos animales; ahora, se piensa que somos autómatas. ¡Los animales al menos tienen alma! Ellos tenían alma; ahora, nosotros no. Y pronto tampoco seremos unos autómatas tan eficientes, porque habrá computadoras, habrá mecanismos mejores; no sólo seremos máquinas, sino máquinas muy ordinarias.

Esta es la creencia —no es conocimiento— que se le ha impuesto a la humanidad a lo largo de tres siglos. Ahora se ha vuelto más prominente. Es una creencia, así como cualquier otra creencia. No importa que la ciencia lo sustente, es una creencia. Y cuando la humanidad comience a creerlo, será difícil revivir las almas humanas...

Por ello, los días que están por venir, serán determinantes. Los años que están por venir, decidirán el destino de los próximos siglos. Esto será determinante —determinante en el sentido de que la creencia de que los seres humanos somos sólo máquinas, instrumentos mecánicos naturales, será predominante—. Cuando esta creencia se vuelva predominante, será muy difícil volver a hallar esa corriente perdida y oculta. Se hará cada vez más difícil; incluso, hoy en día, se ha vuelto tan difícil. Hay tan pocas personas en este mundo que realmente conocen la corriente viva —se pueden contar con los dedos de una mano.

Aquellos que hablan, sólo están hablando. Muy poca gente realmente sabe, y con cada día que pasa, esa cantidad disminuye. Aquellos que saben, no están siendo reemplazados por otros. Cada día que pasa, hay menos y menos personas que conocen la corriente viva, que conocen la realidad que yace debajo, que conocen la conciencia, que conocen lo divino.

Los años por venir serán decisivos. Por lo tanto, aquellos que están, de cualquier modo, listos para comenzar, serán iniciados por mí. Si diez mil son iniciados y uno sólo alcanza la meta, vale la pena tomarse la molestia. Y a todo aquel que llegue a conocer algo acerca de este mundo interior, le pediría que vuelva y que toque en todas las puertas, que se pare encima de los techos y que proclame que algo dichoso, que algo inmortal, que algo divino, es.

Sé testigo; ve y sé testigo de ello; de lo contrario, la creencia de lo mecánico prevalecerá. Es más fácil verlo ahora, más adelante no será fácil reemplazarlo. La mente es, de algún modo, plástica, más plástica hoy en día —lista para ser moldeada de acuerdo con cualquier modelo. Porque todas las viejas creencias han sido arrancadas, la mente está vacía y sedienta de pertenecer a cualquier cosa —incluso, a una creencia de lo mecánico. Cualquier sinsentido que le puede dar a uno el sentimiento de pertenencia, que le pueda hacer sentir a uno que sabe lo que es la realidad, será acogido. Y la mente humana se aferrará a este sinsentido.

No se debe desperdiciar ni un solo momento. Aquellos que saben aunque sea un poco, aquellos que han experimentado tan siquiera un atisbo, deben hablar de ello con otros. Y la última parte de este siglo no es tan insignificante como puede parecer. Es muy importante y, de cierto modo, más importante que los siglos mismos. Porque el ritmo del cambio es tan veloz, que estos treinta años son como treinta siglos. Lo que no se pudo hacer en treinta siglos, se podrá hacer en treinta años, en tres décadas. La velocidad del cambio es tal, que el tiempo que parece tan pequeño, no lo es.

Hay tres creencias que van a matar, que van a destruir el último puente entre la humanidad y la corriente de lo divino que yace por debajo. Una es la creencia de que la mente es sólo una máquina. La segunda es el comunismo —que un hombre y que la relación de un hombre con la sociedad es únicamente un fenómeno económico—. En dado caso, no hay corazón, el hombre no es decisivo —la estructura económica es decisiva—. El hombre está únicamente en manos de las fuerzas económicas, de fuerzas ciegas. Marx dice que no es la conciencia lo que dicta una sociedad, sino la sociedad la que dicta la conciencia. En ese caso, la conciencia no sería nada. Si no es decisiva, no es.

Y, en tercer lugar, está el concepto de la irracionalidad. Las tres creencias son: el concepto darwiniano que se ha convertido en la creencia de que el ser humano es una máquina; luego, el concepto marxista que ha convertido a la conciencia en un epifenómeno de las fuerzas económicas y, finalmente, el concepto freudiano de la irracionalidad: que el hombre está en manos de fuerzas naturales, del instinto. En dado caso, el hombre hace lo que sea que tenga que hacer y no hay conciencia, sino una noción ilusoria de que estamos conscientes.

Los profetas de hoy son Freud, Darwin y Marx. Los tres se posicionan en contra de la libertad y los tres se posicionan en contra de la inmortalidad.

Por lo tanto, yo seguiré empujando a todos hacia el mundo interior, con la esperanza, claro, con la férrea esperanza de que alguno llegue a la corriente viva, la *satchitananda*, y que sea capaz de expresarlo a través de su ser completo, que lo viva. Si tan sólo unas cuantas personas pueden vivirlo hoy en día, el curso de la humanidad que ha de venir, cambiará. Pero esto sólo puede suceder, no a través de la enseñanza, sino a través de la vivencia. Por eso insisto en que *sannyas* es un comienzo para el vivir.

Y si tú piensas que cuando alguien se acerque a mí, simplemente le daré *sannyas*, te equivocas. Puedo decir que yo le he dado *sannyas* a cualquier persona que se ha acercado a mí, pero no es el caso. Parece ser así, pero no es el caso. En el momento en que alguien se acerca a mí, sé mucho acerca de él, más incluso de lo que él mismo sabe de sí mismo.

Ayer, alguien vino a verme en la mañana, y yo le dije que recibiera *sannyas*. Ella se sobrecogió. Me pidió que le diera tiempo para pensarlo y decidir, al menos dos días. Yo le dije: "¿Quién conoce de dos días? ¿Acaso requiere de tanto tiempo? Recíbelo ahora, en este momento". Pero ella no fue decisiva, así que accedí a que se diera dos días para pensarlo. Hoy por la mañana, vino y lo recibió. No esperó dos días, sino uno sólo. Le pregunté: "¿Por qué? Le he dado dos días. ¿Por qué ha vuelto tan pronto?" Ella respondió: "A las tres de la mañana, de pronto, desperté, y algo desde muy adentro, me dijo: 'Ve y recibe *sannyas*'."

No es una decisión que ella haya tomado, sino una decisión que fue tomada por ella, por la parte más recóndita de su mente. Pero, desde el momento en que entró en el cuarto, yo la conocía, conocía esa parte de su mente que ella misma llegó a conocer veinte horas más tarde.

Cuando le digo a alguien que reciba *sannyas*, hay razones distintas para cada persona a quien se lo digo. O ha sido un *sannyasin* en la vida anterior, o lo ha sido en algún momento de su larga trayectoria.

Yo le había dado un nombre ayer, pero hoy lo tuve que cambiar, porque le había dado aquel nombre de acuerdo con su indecisión. Ahora, le he dado un nombre distinto que le será de ayuda. Cuando ella vino esta mañana, ella misma estaba decidida. Ese otro nombre ya no era necesario. Y le di el nombre de Ma Yoga Vivek, porque ahora, la decisión ha provenido de su *vivek*: su conciencia.

Ma Yoga Tao está aquí, por ejemplo. Ella ha sido un *sannyasin* tres veces. Le he dado el nombre de Tao porque, en una vida anterior, era china y era un monje taoista. Puede ser que ella no lo sepa, pero le he dado el nombre de Tao. Algún día, ella lo recordará, y entonces sabrá por qué le he dado un nombre chino. Ahora es irrelevante, pero en el momento en que ella recuerde que fue un monje taoista, sabrá por qué razón ese nombre le fue dado.

Todo es significativo. Podrá no ser tan obvio, y puede que no sea posible explicártelo. Tantas cosas permanecerán sin explicación durante un largo tiempo, pero entre más receptivo te vuelvas, más podré explicarte. Entre más profunda sea tu capacidad de simpatía, más profunda será la verdad que se podrá revelar. Entre más racional sea la discusión, menos podrá revelarse la verdad, porque sólo las verdades menos importantes pueden comprobarse con la razón. La verdad más profunda no se puede comprobar con la razón.

Entonces, a menos que yo sienta que tú puedes tener tanta simpatía que esa razón no entre, no te podré decir. Tengo que permanecer en silencio en cuanto a tantos puntos —no porque esté queriendo guardar algo, sino porque no te sería de utilidad, e incluso, podría hacerte daño.

# Capítulo 3
## Enfrentando la realidad

*¿Qué significa ser un buscador espiritual?*

Significa dos cosas, primordialmente. Una, que la vida tal y como se lleva a cabo de modo externo, no es satisfactoria, la vida tal y como se lleva a cabo de modo externo, carece de sentido. En el momento en que uno se da cuenta de este hecho, que toda esta vida es simplemente algo carente de sentido, entonces comienza la búsqueda. Esta es la parte negativa, pero si no está presente esta parte negativa, lo positivo no puede seguirle. La búsqueda espiritual significa, primordialmente, un sentimiento negativo, un sentimiento de que la vida, tal y como es, carece de sentido, que todo este proceso simplemente termina con la muerte: "Polvo al polvo". Nada queda de modo definitivo en manos de uno. Uno transita por la vida con tanta agonía, con tanto infierno, y nada se logra de modo definitivo.

Esta es la parte negativa de la búsqueda espiritual, y la vida entera nos ayuda a llegar ahí. Esta parte, esta negatividad, esta frustración y angustia, es la parte que el mundo ha de hacer. Al darse cuenta realmente del sinsentido de la vida tal y de cómo se existe, entonces, normalmente, comienza la búsqueda, porque no se puede estar en paz con una vida carente de sentido. Con una vida carente de sentido, se crea un abismo entre uno y todo lo que es la vida. Crece una brecha irreparable que se va ensanchando. Uno siente que no está anclado. Entonces, comienza la búsqueda por algo con sentido, por algo dichoso. Esa es la otra parte, la parte positiva.

La búsqueda espiritual significa enfrentar la realidad, no como una proyección de nuestros sueños. Nuestra vida entera es sólo una proyección, una proyección de nuestros sueños. Uno no se dedica a saber lo que es la vida, sino a lograr lo que uno desea. Se puede tomar la palabra 'deseo' como símbolo de nuestra supuesta vida: es una proyección de lo deseado. No se trata de buscar lo que es la vida, sino lo que se desea. Por lo tanto, uno continuará deseando y la vida seguirá siendo frustrante, porque simplemente es como es. No puede ser lo que le gustaría a uno que fuera. Uno se desilusionará. No es que la realidad sea antagónica a uno, sino que uno no está sintonizado con la realidad, está sintonizado con sus propios sueños. Los sueños provocarán una desilusión tremenda. Cuando quien sueña, está bien. Cuando se alcanza cualquier sueño, todo se vuelve una desilusión.

La búsqueda espiritual significa conocer esta parte negativa: que el deseo es la principal causa de la frustración. El acto de desear es crear, intencionalmente, una concha. El acto de desear es el mundo. Ser de este mundo significa desear y seguir deseando, sin darse cuenta jamás de que cada deseo no conduce a nada más que a la frustración. Cuando uno se da cuenta de esto, deja de desear, el único deseo es saber qué es.

No debo proyectarme, sino conocer qué es. No es que yo deba de ser de una manera determinada, o que la realidad deba de ser de otra, sino sólo esto: cualquier cosa que sea la realidad, quiero conocerla, desnuda, como es. No debo proyectarme. No debe entrar el yo. Yo quiero enfrentarla tal cual es.

La búsqueda espiritual en definitiva significa el enfrentarse a la existencia tal y como es, sin ningún deseo. En el momento en que deja de haber deseo, el mecanismo de proyección no está ejerciendo ninguna fuerza y, entonces, se puede ver lo que es. "Lo que es", aquello que es, una vez que se conoce, brinda todo.

Los deseos siempre prometen y nunca entregan. Los deseos siempre prometen la dicha, el éxtasis, pero el fin nunca llega y cada deseo termina únicamente por convertirse en más deseo.

Cada deseo sólo crea, en su lugar, más deseos que son aún mayores y, claro, al final, aún más frustrantes.

Una mente que no desea es una que está en una búsqueda espiritual. Un buscador espiritual es alguien que está completamente al tanto del sinsentido del deseo y está listo para saber qué es. Cuando uno está listo para saber qué es, la realidad siempre está a la vuelta de la esquina, sólo a la vuelta. Pero uno nunca está ahí, está dentro del deseo, dentro del futuro. La realidad siempre está en el presente —aquí y ahora— y uno nunca está en el presente. Uno siempre está en el futuro, en sus propios deseos, en sus sueños. En sueños y en deseos, estamos dormidos. Y la realidad es aquí y ahora.

Una vez que se ha roto el sueño, uno despierta ante la realidad que es aquí y ahora, sólo en el presente. Uno renace. Uno llega al éxtasis, a la satisfacción, a todo aquello que siempre se ha deseado pero que nunca se ha logrado. La búsqueda espiritual significa estar aquí y ahora, y sólo se puede estar aquí y ahora cuando la mente no desea; de lo contrario, la mente que desea creará una oscilación. Así como un péndulo, la mente se va hacia el pasado, con el recuerdo, o hacia el futuro, con deseos, con sueños. Pero nunca está en el aquí y en el ahora, siempre pierde de vista el aquí y ahora. Sólo se va hacia un extremo, el pasado, o hacia el otro, el futuro. Perdemos de vista la realidad en estas oscilaciones entre el pasado y el futuro.

La realidad es aquí y ahora. Jamás es el pasado y jamás el futuro; siempre es el presente. El ahora es el único momento. El ahora es el único tiempo. Nunca pasa. El ahora es eterno. Siempre está aquí, pero nosotros no estamos aquí. Por lo tanto, ser un buscador espiritual significa estar aquí. Puede llamarse meditación, puede llamarse yoga, puede llamarse oración. Sea cual sea el nombre que se le dé, no tiene importancia, la mente no debe de ser. Y la mente sólo existe cuando hay pasado o futuro. De lo contrario, no hay mente.

Ayer hablaba con alguien. No se puede pensar en el presente, le decía. En el momento en que uno piensa, ya se ha convertido en el pasado. Por lo tanto, la mente no puede existir en el presente. Existe sólo en el recuerdo del pasado, o se proyecta hacia el futuro. Nunca entra en contacto con el presente —no puede entrar en contacto, es imposible. Por lo tanto, si no hay pensamiento, no hay mente. Este estado de la no-mente es la meditación. Entonces, uno está aquí y ahora. Entonces, uno estalla en la realidad. Entonces, la realidad estalla en uno.

La búsqueda espiritual no es para la *moksha*: la salvación después de la muerte. De nuevo, ese es un deseo, aún más codicioso que el deseo de riqueza o el deseo de prestigio o el deseo de poder. El deseo de *moksha* es aún más codicioso, porque va más allá incluso de la muerte.

La búsqueda espiritual no significa buscar a Dios, porque, de nuevo, eso es codicia. Si uno busca a Dios, la mente es codiciosa. Uno debe de estar buscando a Dios por algún motivo. Independientemente de lo recóndita y subconsciente que sea esa razón, uno debe de estar buscando a Dios por algún motivo. Pero con esto, no me refiero a que cuando la búsqueda espiritual llega a satisfacerse, no hay Dios. No estoy diciendo que cuando uno ha llegado a la meditación y la mente no es, que la libertad, que la liberación, que la *moksha*, no sea. La *moksha* está ahí. Se tiene liberación pero no es el deseo de uno. Es sólo el resultado de conocer la realidad tal y como es.

Lo divino está ahí, pero no es por medio del deseo propio. Lo divino es la realidad. Cuando se conoce la realidad, se sabe que es divina. La realidad es divina. Pero la búsqueda de Dios no es para Dios o para la liberación o para la dicha, porque siempre y cuando hay deseo, uno se proyectará hacia el futuro. La búsqueda espiritual es la desilusión con el futuro y la permanencia en el presente, el estar preparado para enfrentar cualquier cosa que viene, aquí y ahora. Lo divino estalla, llega la libertad, pero estos objetivos no son los de uno mismo. Son consecuencias, sombras del conocimiento de lo real.

Entonces, date cuenta primero de que todo el proceso de vida es frustrante. No debe existir ni una sola ilusión. De lo contrario, uno estará atado a ella. Ve a lo profundo en cada experiencia de vida. No escapes de ella. Conócela de modo tan profundo que puedas saber que es una desilusión. No escapes; no renuncies. Sólo entonces se completa esta parte, y podrás entonces dar el salto hacia el aquí y el ahora.

Si uno se ha dado cuenta que el futuro es la causa de raíz de todo el sinsentido que crea la mente humana, ha tomado el paso básico; ha transitado. Entonces, se está listo para darse cuenta de lo que es. En la primera parte, la parte negativa, la vida ayuda mucho. Así que ve hacia toda experiencia, hacia todo deseo; conócelo. Nunca renuncies de modo prematuro.

Sucede lo siguiente: uno no está verdaderamente frustrado con la vida, sino que se ha vuelto codicioso con las promesas religiosas. No se ha dado cuenta que la vida es divina, sino que se ha encantado con cielos religiosos. Entonces, todo será difícil, porque uno no ha atravesado la primera parte. La segunda parte sería muy difícil.

Por lo tanto, al atravesar la primera parte, la segunda es muy fácil. La segunda parte sólo es difícil cuando la primera no ha sido transitada completamente. Entonces uno pregunta: "¿Cómo meditar?" Entonces uno dice: "La mente sigue trabajando". Luego uno dice: "el proceso de pensamiento continúa. No puede ser detenido. ¿Cómo puede ser detenido?" El deseo está ahí, así que el deseo seguirá generando pensamientos. La primera parte no ha sido completada.

Un buscador espiritual maduro es aquel que no ha tenido ningún temor en la vida y que conoce cada recoveco y esquina. Lo ha sabido tanto, que nada ha quedado en el desconocimiento. Entonces, la meditación es fácil, porque no hay nadie que genere pensamientos, no hay nadie que genere deseos. Al sólo gritar "¡Jú!", uno está en el presente. Cualquier instrumento sencillo hará que uno se detenga. Se alza el bastón de los maestros

Zen y uno está en el presente. Incluso un instrumento tan sencillo puede ser de ayuda si la primera parte se ha completado.

Un día, Rinzai, el monje Zen, estaba hablando en un templo. Ha comenzado un sermón, pero alguien lo está molestando. Así que Rinzai se detiene y pregunta: "¿Qué sucede?" El hombre se levanta y dice: "¿Qué es el alma?" Rinzai toma su bastón y le pide a la gente que le abran paso. El hombre comienza a temblar. Jamás se imaginó que la respuesta sería así.

Rinzai se acerca a él, lo toma del cuello con ambas manos y aprieta. Los ojos del hombre se abultan. Rinzai sigue apretando y pregunta: "¿Quién es usted? ¡Cierre los ojos!" El hombre cierra los ojos. Rinzai sigue preguntando: "¿Quién es usted?" El hombre abre los ojos y se inclina a modo de reverencia. Dice: "Sé que realmente ha respondido a la pregunta de qué es el alma".

¡Un instrumento tan sencillo! Pero el hombre estaba listo. Alguien le pregunta a Rinzai: "¿Haría lo mismo si cualquier otro le hiciera la misma pregunta?" Rinzai responde: "Ese hombre estaba listo. No preguntaba por preguntar: estaba listo. La primera parte había sido cumplida; él preguntaba realmente. Para él, esto era una pregunta de vida o muerte: '¿Qué es el alma?' La primera parte se había cumplido. Estaba totalmente desilusionado con la vida, y preguntaba: '¿Qué es el alma?' Esta vida había comprobado ser no más que una muerte para él; ahora, pregunta: '¿Qué es el alma?' Por lo tanto, ninguna respuesta mía hubiera tenido sentido. Yo simplemente le ayudé a detenerse en el presente".

Por supuesto que cuando alguien le aprieta el cuello a uno y está a punto de matarlo, uno no puede estar en el futuro, uno no puede estar en el pasado. Estará aquí y ahora. Es peligroso perder de vista el momento. Si se le dice a un hombre como ese: "Vaya a lo profundo y sepa quién es", el hombre se transforma. Entra en *samadhi*; se detiene en el momento.

Si uno está en el presente, incluso por un solo momento, ha conocido, se ha enfrentado, y jamás podrá volver a perder su camino.

El sentimiento espiritual significa saber qué es —qué es todo esto—. No aquello, sino *esto*. ¿Qué es todo esto; este yo que habla, este tú que escucha, este todo? ¿Qué es *esto*? Sólo detente, colócate en lo profundo de *esto*. Deja que se abra a ti, déjate abrir a él. Entonces, hay un encuentro. Ese encuentro es la búsqueda.

Ese encuentro es la búsqueda entera. Por eso le hemos llamado yoga. Yoga significa encuentro. La palabra misma significa encuentro: unirse de nuevo, ser uno sólo de nuevo. Pero los supuestos buscadores espirituales no buscan la espiritualidad. Sólo proyectan sus deseos sobre una nueva dimensión. Y ningún deseo se puede proyectar sobre esta dimensión espiritual, porque esta dimensión espiritual sólo está abierta a aquellos que no están deseando. Quienes deseen, seguirán generando nuevas ilusiones, nuevos sueños.

Primero, se debe saber que el deseo sólo corre y no va hacia ninguna parte. Entonces, uno se debe detener y conocer qué es. Todo está abierto. Sólo nosotros estamos cerrados con nuestros deseos. La existencia entera está abierta. Todas las puertas están abiertas, pero estamos corriendo a una velocidad tal, que no podemos ver. Y entre más nos frustramos, más incrementamos la velocidad porque la mente dice: "No estás corriendo lo suficientemente rápido. Es por eso que no estás llegando". La mente no va a decir: "Porque estás corriendo, no llegarás". ¿Cómo puede decir eso? Es ilógico. La mente dice: "No estás llegando porque no corres lo suficientemente rápido. Así que corre más rápido. Aquellos que están corriendo más rápido están llegando". Y pregúntale a aquellos que corren más rápido. Sus mentes dicen lo mismo: "Corre aún más rápido. Aquellos que verdaderamente están corriendo rápido, están llegando".

Nadie está llegando, pero siempre hay alguien delante de uno y otro detrás. Uno ha rebasado a otro, pero donde sea que uno se encuentre, otro siempre está adelantado. ¿Por qué? Porque el deseo corre en un círculo. Nosotros corremos en un círculo. Por lo tanto, si uno corre muy rápido, incluso la persona que estaba detrás de uno, se le puede adelantar. Porque estamos corriendo en un círculo, siempre va a haber alguien más adelantado que uno, y tendremos el sentimiento de que no corremos lo suficientemente rápido, que alguien más está llegando y que uno está perdiendo.

Los de la India conocíamos tantas verdades. Le decíamos *sansar* a este mundo. *Sansar* significa la rueda —no sólo se está corriendo, sino que la rueda misma está corriendo—. No es un círculo fijo. Incluso si uno se detiene, la rueda sigue. Uno no sólo tiene que detenerse, sino salirse de la rueda.

*Sannyas* es este acto de salirse. No basta con detenerse. Uno debe salirse de la rueda porque, aunque uno no esté corriendo, la rueda sigue rotando. Y es una rueda tan grande y tiene tanta potencia, que uno seguirá corriendo aunque esté parado en un mismo lugar. *Sannyas* significa este salirse —no sólo dejar de correr, sino salirse—. No te quedes en la rueda. Simplemente salte del carril. Sé testigo del mismo. Sólo entonces sabrás de qué está hecha esta rueda, por qué sigue corriendo aunque uno no esté corriendo.

La rueda está compuesta por un número infinito de deseos, por todos los deseos que han existido, que existen hoy —todos los deseos de todas las personas, de todos los seres que han existido—. Uno morirá, pero sus deseos han creado olas que continuarán. Uno ya no estará aquí, pero sus deseos han creado ondas en la no-esfera. Yo ya no estaré aquí, pero yo he dicho algo; estas palabras, estos sonidos, seguirán vibrando infinitamente.

Cualquier cosa que uno haya deseado —ya sea que se haya cumplido o no, es igual— el momento en que el deseo entre en la mente, en el corazón, uno ha creado ondas, olas. Éstas continuarán. Esta rueda, este *sansar*, está compuesto de todos los deseos que han existido y todos los deseos que existen. Se trata de una fuerza tan enorme, de todo lo muerto y todo lo vivo, que uno no puede detenerse. Lo empujarán y uno tendrá que correr.

Es lo mismo que estar en un tumulto. Cuando el tumulto

entero corre, uno no puede detenerse. Simplemente es empujado a correr. Si uno está corriendo, está seguro; si uno no está corriendo, lo matarán. No es que la energía propia haga falta para correr. Aunque uno no haga esfuerzo alguno, el tumulto lo llevará. Esta es la rueda —la rueda de los deseos—. Tú debes de haber visto la película tibetana acerca de la rueda. Toda esta rueda de deseos es maravillosamente representada.

*Sannyas* es salirse de la rueda. Uno simplemente se sale del tumulto. Simplemente se baja. Uno simplemente se sienta a un lado de la calle y dice adiós. Sólo entonces se conoce el fenómeno de lo que es la rueda. Sólo entonces se sabe que algunas personas están corriendo en un círculo, lo pasarán a uno tantas veces —entonces, se sabe que ésta es una rueda.

Un buda, un Mahavira, podría llamar *sansar* a este mundo; una rueda, porque al hacerse a un lado, ellos sabían que era una rueda. No es que uno esté corriendo en línea recta, sino que es un círculo —repite los mismos deseos, los mismos días, las mismas noches, las mismas desilusiones, y sigue a modo de remolino—. Empujado desde atrás, jalado desde adelante, uno sigue.

*Sannyas* significa hacerse a un lado, salirse. Esta es la segunda parte de *sannyas*. *Sannyas* tiene dos partes. La primera es conocer la frustración, conocer la angustia. Este es el milagro: en el momento en que uno sabe que el mundo es angustia, que el mundo es frustración, no está en absoluto frustrado. La frustración llega porque se piensa que el mundo no es frustrante. La angustia llega porque uno mantiene la esperanza, pese a saber que no hay esperanza. Esa esperanza no tiene sentido. Cuando uno sabe esto, ya no se siente en absoluto desesperanzado. Entonces, no hay necesidad de sentirse así. Entonces, no hay nada en torno a lo cual sentir desesperanza —no hay esperanza.

Por eso el Budismo no pudo ser comprendido. La mente occidental sólo lo pudo interpretar como pesimismo. Era una falacia natural. El budismo no es pesimista. Pero a la mente occidental le pareció pesimista por motivo del dicho de que el mundo es frustrante, que el mundo es *dukkha*: miseria. Esto hace que uno sea pesimista. Pero no es el caso. La tierra no ha conocido a persona alguna más contenta, más dichosa que Buda, o bien, ha conocido a muy poca gente como él. Él no era en absoluto pesimista. Entonces, ¿cuál es el secreto? El secreto es este: si uno sabe que el mundo es *dukkha*, no espera nada más que *dukkha*. La expectativa sólo genera pesimismo. Cuando no hay expectativa, no hay necesidad de estar en la miseria. Una vez que la vida se conoce como algo miserable, uno jamás estará en la miseria, uno estará fuera de ella.

Por lo tanto, un *sannyasin* no es aquel que está frustrado. Un *sannyasin* es aquel que ha conocido al mundo como algo frustrante. Él no está frustrado, está de lo más cómodo. No hay nada que lo frustre. Él sabe que todo lo que sucede, sucede así. Incluso la muerte no le angustia, puesto que la muerte es segura.

Una vez que se conoce la naturaleza de esta rueda giratoria —de este mundo, de esta supuesta vida, de este círculo vicioso repetitivo—, uno se vuelve silencioso y dichoso. Entonces ya no espera y, por lo tanto, no hay sentimiento de desesperanza. Uno está cómodo, tranquilo. Entre más cómodo esté uno, más tranquilo está. Entre más uno esté en el momento, más está detenido, sin oscilar.

En este mismo instante, el aquí y ahora es lo único que ha de ser conocido —*moksha*, lo divino, la realidad— en este momento. Así que, de algún modo, la búsqueda espiritual no es una búsqueda de algo. No se busca algún objeto. Es saber lo que es y el saber llega cuando uno está en el momento.

Estar en el momento es la puerta secreta, o se puede decir que es el secreto abierto. Estar en el momento es el secreto abierto.

## Capítulo 4
# Amor, gracia y divinidad

———————— ✳ ————————

*Cualidades del amor y de la gracia han sido atribuidas a lo divino.*
*¿Existen estas cualidades? ¿Existe lo divino? ¿Esto puede ser explicado?*

Decir que lo divino existe no sería correcto, porque todo lo que existe es divino. Cada cosa y todo existe, pero sólo se puede decir que lo divino no existe. Lo divino es la existencia. Ser divino y existir es decir lo mismo de dos formas distintas. Por lo tanto, la cualidad de la existencia no puede ser atribuido a lo divino.

Se puede decir que todo lo demás existe porque puede entrar en la no existencia. Se puede decir que tú existes porque hubo veces en que no exististe. Pero no se puede decir que lo divino existe porque lo divino siempre está ahí. Su no existencia es inconcebible, por lo tanto, la existencia no puede ser atribuida a lo divino. Diré que la existencia es divina, o que el estado de lo divino significa existencia.

Nada de lo que exista no es divino. Uno lo puede saber o no, no tiene importancia en cuanto a su divinidad. Si uno lo sabe, se convierte en existencia, en dicha. Si uno no lo sabe, anda y sigue andando en la agonía, pero se es divino. Cuando uno duerme, cuando uno es ignorante, también se es divino. Incluso una piedra es divina, sin que lo sepa. La existencia es divina.

Todos aquellos que intentan comprobar que Dios existe, no saben. Es un gran sinsentido querer comprobar que Dios existe. Aquellos que intentan comprobar que Dios no existe, están en las mismas condiciones. Nadie comprobará que la existencia existe. Si se dice de este modo, si tú me preguntas si la existencia existe, la pregunta sería absurda.

Para mí, cuando alguien dice que Dios existe, es lo mismo que decir que la existencia existe. Dios y la existencia son lo mismo, son sinónimos. Y cuando decimos que la existencia es Dios, nos referimos a que la existencia está íntimamente relacionada con nosotros. Estamos relacionados con ella y no es indiferente ante nosotros. En lo que respecta a la mente humana, no conocemos palabra más adecuada que Dios.

Si se le pregunta a algún judío ortodoxo, no utilizará el nombre completo de Dios. Sólo utilizará G-D, la o es omitida.[1] Si se le pregunta: "¿Por qué utilizas G-D, por qué omites la o?", un ortodoxo responderá: "Cualquier cosa que decimos siempre es menos de lo que es. Por lo tanto, la o es omitida simplemente para simbolizar el hecho de que estamos utilizando una palabra que no puede comunicar el todo, que no abarca de modo íntegro". La o simboliza cero, simboliza la perfección, simboliza la totalidad, lo entero. Por lo tanto, la o se omite, y sólo queda G-D.

Cuando usamos cualquier palabra, jamás significa o comprende la totalidad. Sólo señala algo acerca de la mente humana, mas no acerca de lo divino. Si uno dice 'existencia', utiliza un término neutral. Uno puede ser indiferente ante la existencia, y la existencia puede ser indiferente ante uno. Cuando se usa el término 'existencia', no puede haber un diálogo entre uno mismo y la existencia. No hay ningún puente. Pero aquellos que han conocido la existencia, saben que hay un diálogo entre todo lo que existe; uno puede estar dentro de una relación íntima, enamorado. Esta posibilidad de diálogo, esta posibilidad de una relación, esta posibilidad de estar enamorado, hace que el término 'Dios' signifique más que 'existencia', pero son lo mismo.

---

[1] Osho hace referencia a la palabra God: Dios, en inglés. Se ha dejado en inglés por motivo de la separación que hace entre las letras (g, o y d) y que, para sus fines, no es traducible al castellano.

Por lo tanto, no diré que existe lo divino, diré que todo lo que existe es divino. La existencia es divina. El hecho de existir es divino. No hay nada que pueda ser, sin que sea divino. Tal vez lo sepamos, tal vez no; tal vez estemos conscientes de ello, tal vez no. Es lo mismo.

Tú también me preguntaste si las cualidades del amor y de la gracia pueden atribuirse a lo divino. De nuevo, ninguna cualidad puede ser atribuida, porque las cualidades sólo pueden ser atribuidas si lo contrario es posible. Uno puede decir: "Alguien me ama", porque hay quien es capaz de no amar. Si esa persona fuera incapaz de no amar, uno jamás diría: "Esta persona me ama". Entonces, el decir que alguien lo ama a uno, no conlleva ningún significado. Si yo no puedo estar enamorado, sólo puedo odiar. Entonces, puedo decir: "Te amo". Si soy incapaz de odiar, la cualidad del amor tampoco me puede ser atribuida. Entonces, el amor no es una cualidad, sino la naturaleza de uno. ¿Y cuál es la diferencia entre cualidad y naturaleza?

Una cualidad es algo que puede estar en estado de manifestación y que puede estar en un estado de no manifestación. Una cualidad es algo de lo cual uno puede ser privado. Uno puede existir con la cualidad, así como puede existir sin ella. No es la existencia intrínseca de uno. Es algo que le es atribuido a uno, es algo que le es añadido a uno. No es la naturaleza propia.

La naturaleza es algo sin lo cual uno jamás puede existir. Por lo tanto, cuando alguien dice: "Dios es amoroso", no está diciendo lo correcto. Jesús tiene razón cuando dice: "Dios es amor", mas no dice que es amoroso. Entonces, el amor se convierte en su naturaleza, no en una cualidad. No puede ser reemplazada. Dios puede ser amor, el amor puede ser Dios, porque el amor es la naturaleza intrínseca de lo divino.

El amor no es algo añadido, no puede serlo. No es posible pensar a Dios sin amor. Si uno piensa a Dios sin amor, se está pensando a un Dios que no es un dios. Pensar a Dios sin amor es pensar a un Dios sin divinidad, porque en el momento en que el amor se borra, no queda nada divino. De nuevo, no diré que el amor es un atributo. Tampoco diré que la gracia es un atributo; son la naturaleza.

En alguna parte, Aesop nos ha dicho, en una fábula, que a las orillas de un río, un alacrán le pidió a una tortuga: "Por favor, llévame sobre tu espalda, hasta el otro lado del río". La tortuga dice: "No seas tonto. No me pienses estúpido. Tú me podrías picar en medio del río, y yo me ahogaré y moriré". El alacrán dice: "No soy tonto; más bien tú eres el tonto, porque no conoces nada de la lógica más básica. Yo pertenezco a la escuela aristotélica, soy logista. Te enseñaré una sencilla lección de la lógica. Si yo te pico y tú te ahogas y te mueres, yo también moriré junto contigo. Entonces, sé sensato, sé lógico. No te picaré. No puedo picarte".

La tortuga pensó por un momento y entonces dijo: "¡Está bien! Parece sensato. Súbete en mi espalda y crucemos". Y justamente al llegar a la mitad del río, el alacrán pica a la tortuga. Ambos se están hundiendo. Antes de morir, la tortuga pregunta: "¿Qué ha sucedido con tu lógica? Has hecho algo muy ilógico, y tú mismo dijiste que esto era cuestión sencilla de lógica, que jamás lo harías, y ahora lo has hecho. Antes de que muera, dime. Permíteme aprender otra lección de tu lógica".

El alacrán dice: "No es cuestión de lógica, en absoluto. Es mi naturaleza. No puedo ser sin ella. Puedo hablar de ella, pero no puedo ser sin ella. Soy, en verdad, incapaz".

Algo que uno es incapaz de hacer o de dejar de hacer, indica su naturaleza. No podemos pesar lo divino como algo sin amor o sin gracia. El amor siempre está ahí, la gracia siempre está ahí. Utilizamos dos palabras, amor y gracia, por motivo de nuestras imitaciones lingüísticas. De lo contrario, bastaría una sólo palabra. O se le llama amor, o se le llama gracia.

Utilizamos dos palabras porque, con el amor, siempre esperamos algo a cambio, pero no es así en el caso de la gracia. Cuando amamos a alguien, esperamos algo a cambio. Siempre es una negociación, por sutil que sea. Sea o no dicha, sea o no divulgada, es una negociación interna. Algo se espera a cambio. Es por eso que utilizamos dos palabras, 'amor' y 'gracia', porque la gracia no espera nada a cambio y la existencia nunca espera nada a cambio por parte de nosotros.

Pero en lo que respecta a la existencia divina, el amor y la gracia son lo mismo. Esta es la naturaleza de lo divino, no puede ser de otra forma. Pero hacemos distinciones porque alguien ha "recibido la gracia", alguien se ha vuelto "amado por lo divino". También esa es una aseveración falaz. Lo divino es siempre la gracia y siempre el amor. Pero no siempre somos receptivos.

A menos que seamos receptivos, no lo podremos recibir. Cuando uno no está recibiendo la gracia divina, no es que algo le carezca a lo divino, sino que uno está cargando con algo así como una barrera. Uno no es vulnerable ante lo divino. La naturaleza de lo divino es ser agraciado, ser la gracia misma. Pero en lo que respecta a nosotros, no somos naturalmente receptivos, somos naturalmente agresivos. Y estas son dos cosas distintas.

Si la mente es agresiva, no puede ser receptiva. Sólo una mente no agresiva puede ser receptiva. Todas las cualidades que conllevan cualquier tipo de agresividad, deben ser desechadas y uno debe ser sólo una puerta para recibir. Así como una matriz, uno debe ser totalmente receptivo. Entonces, siempre fluye la gracia, siempre fluye el amor.

La gracia fluye de todas partes. En todo momento, en todo lugar, la gracia fluye. Es la naturaleza de la existencia. Pero no somos receptivos, es la naturaleza de la mente. La mente es agresiva. Es por ello que siempre insisto en que la meditación significa la no mente. La meditación significa la receptividad no agresiva: apertura. Pero la lógica jamás puede ser receptiva, la lógica es agresiva. Uno está haciendo algo y por lo tanto no puede ser receptivo. Uno puede ser receptivo sólo cuando no está haciendo.

Cuando se está en un estado del no hacer, sin estar haciendo nada en absoluto, simplemente existiendo, entonces se está abierto por todos lados, y de todos lados llega el flujo de la gracia. Siempre está llegando, pero nuestras puertas están cerradas. Siempre estamos huyendo de la gracia. Aunque toque a nuestra puerta, escapamos.

Hay un motivo por el cual seguimos escapando: desde el momento en que nace la mente, siempre se está protegiendo. Todo nuestro entrenamiento, toda nuestra educación, toda la cultura de la humanidad, es así. Nuestra mente entera, nuestra cultura entera, está basada en la agresión, en la competencia, en el conflicto. Aún no hemos madurado lo suficiente para aprender el secreto de la cooperación —que el mundo existe en la cooperación y no en conflicto; que el otro, que el vecino, no es sólo un competidor, sino una existencia complementaria que me enriquece—. Sin él, yo seré menos. Incluso cuando muere un solo individuo en alguna parte del mundo, yo soy un poco menos. La riqueza que era creada por él, la riqueza que llevaba a la atmósfera, deja de ser. En alguna parte, algo ha quedado vacío. Por lo tanto, existimos en la convivencia, no en el conflicto.

Pero la mente, el subconsciente colectivo, siempre está pensando en términos de conflicto. Cuando alguien está ahí, el enemigo está ahí. El enemigo es la suposición básica. Se puede desarrollar la amistad, pero es algo que se desarrolla. La suposición básica es el enemigo. La amistad puede ser añadida al enemigo, pero la base es la hostilidad y uno jamás se puede relajar.

Por eso uno jamás puede recaer en la amistad porque, en la base, está el enemigo. Uno sólo ha creado una amistad falsa, ha añadido ego de modo artificial. Pero en alguna parte de la base, uno siempre sabe que el enemigo está presente; el otro es el enemigo. Por lo tanto, incluso con un amigo, uno no está cómodo, incluso con el amante, uno no está cómodo. Siempre y cuando haya alguien, uno estará tenso; el enemigo estará presente. Por supuesto que la tensión se hace menos si se ha creado una fachada de amistad. El enemigo está menos presente, pero está ahí.

Hay razones por las cuales se ha desarrollado así —razones relacionadas con la evolución—. El hombre ha salido de la jungla. La evolución entera ha visto tantos cambios, tantas etapas animales. Fisiológicamente, también el cuerpo sabe, porque el cuerpo no es de uno. Cuando yo digo 'mi cuerpo', estoy proclamándome dueño de algo de lo cual uno no se puede adueñar. Mi cuerpo proviene de siglos de desarrollo. La célula básica es heredada, en mi célula básica, yo heredo todo lo que existió previo a mí. Todos los animales, todos los árboles, todo lo que ha existido, ha contribuido a mi célula básica.

En mi célula básica está acumulada toda la experiencia del conflicto, la lucha, la violencia, la agresión. Cada célula carga con la lucha evolutiva entera que me ha precedido. También fisiológicamente, también mentalmente; la mente de uno no ha evolucionado únicamente a lo largo de esta vida, sino que le ha llegado a uno después de una larga trayectoria. Quizá más larga que la del cuerpo mismo. Porque el cuerpo ha evolucionado sobre esta Tierra, no puede tener más de cuarenta millones de años de antigüedad. No puede ser más antiguo que la Tierra.

Pero la primera mente vino de otro planeta, la mente posee experiencias evolutivas aún más profundas. Y todas esas experiencias hacen que uno sea violento y agresivo. Uno tiene que estar consciente de este fenómeno total. A menos que uno esté consciente, no puede ser libre del pasado propio. El problema es que uno debe ser libre de su pasado, y el pasado propio es enorme —incomprensiblemente enorme.

Todo aquello que ha vivido está aún viviendo dentro de uno. Todo aquello que ha sido, está dentro de uno en forma de semilla, en forma de potencial. Uno proviene del pasado, uno es el pasado. Esta mente enfocada hacia el pasado sigue creando la agresión, sigue pensando en términos de la agresión.

Por lo tanto, cuando la religión dice que uno debe ser receptivo, el consejo no es escuchado. La mente no puede pensar de qué modo ser receptiva. La mente ha conocido una sola cosa en torno a la cual puede ser receptiva: la muerte, frente a la cual la mente no ha sido capaz de hacer nada, frente a la cual no ha podido actuar. Lo único que ha conocido la mente en torno a lo cual tiene que ser receptiva, es la muerte. Por lo tanto, cuando alguien dice: "Sé receptivo", uno siente a la muerte entre las sombras. Si yo digo: "Sé receptivo", la mente dirá: "Entonces, moriré. Hay que ser agresivo si se quiere existir y sobrevivir. El más fuerte sobrevive. El más agresivo sobrevive. Si sólo se es receptivo, se muere".

Es por eso que la receptividad nunca se entiende —no se escucha, no se comprende—. Esta receptividad se ha dicho de tantas maneras. Alguien dice: "Ríndete". Significa ser receptivo. Rendirse significa no ser agresivo. Cuando alguien dice: "Sé fiel", significa ser receptivo.

No seas agresivo por medio de tu lógica. Recibe a la existencia tal y como es. Deja que entre. La mente no puede amar porque el amor significa ser receptivo a alguien. Incluso en el amor somos agresivos. Cuando se está en el acto sexual, cuando se está en la intimidad del amor, las acciones son iguales que las de la lucha —uno está luchando—. Si se va a lo profundo de cualquier acto que se conoce como amor, si se va a lo profundo de ese acto, se encontrarán las raíces animales. El acto de besar se puede convertir en el de morder, en cualquier momento. Si uno sigue besando, si va a lo profundo, será una mordida. Es sólo una forma mental. A veces, los amantes se dirán: "Quiero comerte" —una expresión muy amorosa—. ¡Realmente, lo intentan! A veces va a lo profundo, se vuelve intenso y, entonces, el sexo es sólo una lucha.

Por lo tanto, una pareja, las dos partes de una pareja sexual, siempre alternarán entre el amor y la lucha. En el ocaso, luchan, en la noche, aman; en la mañana, luchan, en el ocaso, aman; en la noche, luchan. Este círculo continuará —luchando y amando, luchando y amando—. Si se le preguntara a D.H. Lawrence, él diría: "Si uno no se puede pelear con su amante, no puede amarlo". La pelea hace que sea intenso. Sólo es cuestión de crear una situación.

La mente humana, tal y como es, tal y como ha venido del pasado, no puede amar porque no puede ser receptiva. Sólo puede ser agresiva. Por lo tanto, no es que uno sea amoroso —siempre exige amor—. Y aunque uno se comporte como alguien amoroso, es sólo para obligar la exigencia. Hay una lógica mañosa. Siempre está exigiendo: "Dame amor". Y si doy amor, es sólo para exigir, para fortalecer la exigencia. La mente humana no puede amar.

Así que si se le pregunta a quienes realmente han conocido el amor, si se le pregunta a Buda, él dirá: "A menos que la mente muera, no puede nacer el amor". Y a menos que haya amor, uno no puede sentir la gracia, porque sólo en el amor, uno se vuelve abierto.

Y no se puede amar a un individuo particular porque es imposible estar abierto ante un individuo particular y cerrado ante todo lo demás. Esta es una de las cosas más imposibles.

Si yo digo: "Te amo", es lo mismo que decir: "Cuando estás a mi lado, respiro. De otro modo, no respiro". Si este fuera el caso, al volver esa persona a mí en otra ocasión, me hallaría muerto. Pero respirar no es algo que yo pueda hacer y dejar de hacer; el amor tampoco. Pero lo que conocemos como amor sí lo es. Por eso es que, tarde o temprano, un amante encontrará que el amor del otro ha muerto, y ambos lo sabrán. Ambos sabrán que entonces no hay amor.

Entre más se conozcan los amantes, más afortunada será la situación. Entre más conozca el uno al otro, habrá menos esperanza y más desilusión. Sabrán que el amor ha muerto. Tan estrecho se ha hecho, tan estrecha fue la vía que se exigió, que no pudo vivir.

Uno tiene que ser amoroso, mas no ser un amante. Ser amoroso debe producirse como una manifestación intensiva y natural, no como algo añadido como atributo, como cualidad. Debe producirse como un florecimiento interno, no como algo perfumado desde afuera. Este amor puede darse. Uno tiene que estar consciente de su pasado entero. Y en el momento en que uno trascienda, estará más allá, porque aquello que es consciente no está en la mente.

Aquello que toma conciencia de la mente es la conciencia que no carga consigo ningún pasado; aquello que es eterno, que está siempre en el ahora, que es siempre nuevo, que está siempre en el aquí y en el ahora. Esa conciencia se conoce sólo cuando uno toma conciencia de su mente. Entonces, uno ya no se identifica con su mente. Hay una brecha entre uno y su propia mente. Uno sabe entonces que esta es la mente; esta agresión, este odio, todo este infierno, es la mente.

Y esto continúa. Esta mente continuará, a menos que uno tome conciencia. Y este es un milagro: el momento en que uno toma conciencia, la continuidad se rompe. Entonces uno será, pero no del pasado. Entonces uno será del momento: fresco, joven, nuevo. Entonces, a cada momento, uno morirá y volverá a nacer.

En alguna parte, San Agustín dice: "Muero a cada momento". Aquel que ha tomado conciencia de su mente entera y su proceso entero, la continuidad, el pasado continuándose y siguiendo y forzándose sobre el futuro —aquel que se ha dado cuenta de esto, morirá a cada momento. A cada momento, el pasado será desechado. Uno será fresco, nuevo y joven, listo para lanzarse al nuevo momento que viene. Sólo esta conciencia fresca, esta conciencia joven —eternamente joven— es receptiva, es abierta. No tiene paredes, no tiene paredes que delimitan. Está completamente abierto, igual que el espacio.

Los *upanishads* lo llaman el espacio interno del corazón. Hay un espacio, simplemente. Eso es conciencia, *sakshi*: la expresión de la conciencia. Esta trascendencia de la mente, del pasado, hace que uno esté abierto y vulnerable desde todos lados, ante todas las dimensiones. Entonces, la gracia desciende sobre uno desde todas partes —desde los árboles, desde el cielo, desde los seres humanos, desde los animales, desde todas partes—. Incluso una piedra muerta es agraciada cuando eso sucede. Uno siente cómo la gracia desciende sobre uno.

Entonces, no se puede decir que ésta es una existencia neutral ni muerta. Entonces, uno dice: "Esto es lo divino". Esta metamorfosis, esta transformación de la propia mente, esta transformación de la mente muerta en una conciencia eternamente viviente, esta transformación de la basura de la mente en el cielo abierto de la conciencia… esta transformación cambia la actitud hacia la existencia. Entonces, la existencia entera es simplemente un flujo de amor —amistoso, compasivo, amoroso, agraciado—. Entonces, uno es amado a través de miles de manos.

La religión hindú ha creado deidades con miles de manos. Significa que la mano viene de todas partes; no se puede ir a ningún lugar donde la mano divina no lo toque a uno. El abrazo está en todas partes. Uno puede ir a cualquier lugar, ahora no hay ningún lugar donde no esté lo divino.

Nanak fue a Kaaba. Estaba cansado cuando llegó a la mezquita, así que colocó su pequeño bulto en el suelo y se durmió. El sacerdote estaba furioso porque las piernas de Nanak apuntaban hacia la piedra sagrada. Así que lo arrastró hacia fuera y le dijo: "¿Qué tontería está haciendo aquí? Ni siquiera tiene el respeto suficiente para no apuntar los pies hacia la piedra sagrada. ¿Es usted ateo?" El sueño de Nanak se quebró y él se sentó. Dijo: "Coloque mis piernas de modo que apunten hacia donde no está Dios, y deje de molestarme".

No hay dirección alguna donde no esté Dios porque la dirección misma es divina, la existencia es divina, pero uno debe estar abierto a ella.

Toda esta tragedia, este dilema de la mente humana, está en que la mente está cerrada. La mente está cerrada y sigue buscando aquello que será la libertad. La mente es un encarcelamiento y este encarcelamiento sigue buscando la libertad. Esta es toda la tragedia de la existencia humana.

La mente es una cárcel. No puede encontrar la libertad en ninguna parte. Debe morir antes de que la libertad le llegue a uno. Pero hemos tomado la mente como si la mente fuera uno mismo, nos identificamos con ella. Esta muerte de la mente nunca nos sucede, nunca nos ocurre.

La mente es algo distinto al "yo". Pero continuamos identificándonos con la mente. ¿Cómo, entonces, salir del pasado, si uno ha llegado a identificarse con el pasado? Aquel que ha olvidado que es un prisionero, es el más encarcelado porque, entonces, no hay posibilidad de que se libere. Pero incluso ese prisionero puede tomar conciencia. Un prisionero aún mayor es aquel que se ha vuelto uno sólo con su encarcelamiento, uno con la cárcel, el que se ha identificado. Las paredes de esa cárcel son su cuerpo. La estructura misma del encarcelamiento es su mente.

Sé consciente, sé consciente de tu mente. Y lo puedes ser porque tú mismo eres otra cosa. El sueño se puede quebrar porque uno no es el sueño. El sueño le ocurre a uno, pero uno no es el sueño. Uno puede romper con este encarcelamiento y salir porque uno no es el encarcelamiento. Pero hay una asociación tan larga con el cuerpo y la mente.

Y entiende esto muy bien: el cuerpo es nuevo, cada nacimiento es nuevo. Cada comienzo es nuevo, pero la mente es vieja. Continúa de nacimientos previos. Es por eso que si alguien dice que el cuerpo de uno está enfermo, uno jamás se enoja, uno siente que la persona que lo dice le tiene simpatía. Pero si alguien dice que la mente de uno está loca, que está enferma, que uno sufre de un trastorno mental, uno se enoja. Entonces, uno no siente que la persona que lo dice no le tiene simpatía. No parece una persona amistosa.

Con el cuerpo, esta es una asociación nueva, sólo de este nacimiento. Otros cuerpos con los cuales uno ha estado asociado, han muerto. Pero esta asociación con el cuerpo se rompe con cada muerte. Se ha roto tantas veces, que uno se piensa como cuerpo, aunque no esté identificado con su cuerpo. Por lo tanto, si el cuerpo de uno se enferma, otra cosa se ha enfermado.

Leía acerca de la vida de un alcohólico. Estuvo sentenciado

tantas veces. Por décima vez, el mismo juez lo manda encarcelar. El juez dice: "Es sólo el alcohol, el alcohol, el alcohol, la raíz de sus problemas". El hombre dice: "Gracias, señor. Usted es la única persona que no ha hecho de mí el responsable. Todos los demás dicen que es mi culpa. Usted es el único que ha comprendido que el alcohol tiene la culpa, que yo no soy en absoluto responsable".

Con el cuerpo, si hay alguna falla, uno no siente que es responsable. Pero si la mente siente alguna falla, uno siente que es responsable. La identidad es astuta y más profunda. Tiene que serlo porque el cuerpo es la capa exterior del ser. La mente es la capa interior. Es el yo interior, uno se puede identificar con ella. Ha estado con uno a lo largo de tantas vidas. La mente es vieja, siempre lo viejo, la continuidad. Pero uno no es su mente. Y esto se puede saber, y esto no es difícil saberlo.

Sólo sé testigo. Cuando la mente esté trabajando, simplemente hazte a un lado y obsérvala —ve cómo funciona—. No interfieras. No entres. El entrar volverá a generar la fuerza que crea la identidad. No entres. No digas nada. No seas juez. Simplemente hazte a un lado y siéntate, como si el tráfico de los autos estuviera pasando frente a ti y tú estuvieras sentado a un lado, simplemente observándolo. No emitas ningún juicio. Y, aunque sea por un solo momento, si puedes hacerte a un lado y observar el tráfico de la mente, el tráfico continuo, verás la brecha —la brecha entre uno mismo y su mente—. Esta brecha se puede ensanchar, crecer, incapaz de ser reparada.

Cuando la brecha es así, cuando el intervalo es así, no hay puente. Uno ha visto, desde todos los ángulos posibles, que el círculo de la mente está en un lugar donde uno mismo no está. Uno siempre está adentro —en otra parte—. Cuando esto no es teoría, sino un hecho conocido, entonces uno está abierto. Entonces uno se ha lanzado al espacio interior, al cielo interior, al espacio interior del corazón. Uno se ha lanzado. Ahora, se está ahí, y uno está abierto.

Uno sabrá entonces que siempre ha estado abierto. Sabrá que ha estado durmiendo en un cielo abierto, soñando que está encarcelado, y que los pensamientos no son sino la sustancia de la cual están hechos los sueños. Están hechos de la misma sustancia. De día, se les llama pensamientos, y de noche se les llama sueños. Pero por el hecho de que los pensamientos son transparentes, la identificación se vuelve más fácil. Como con cualquier cosa transparente, uno puede olvidar que está presente.

Si hay un cristal totalmente transparente entre tú y yo, olvidaré el cristal. Pensaré que te estoy viendo a ti directamente. Significa que me vuelvo completamente identificado con el cristal, con el cristal que no está ahí. Mis ojos y el cristal se han vuelto uno sólo.

Los pensamientos son transparentes, más transparentes que cualquier cristal a través del cual se puede mirar. En ese momento, no son ningún impedimento. Por eso la identidad se vuelve más profunda. La transparencia de los pensamientos está tan cerca, que uno se olvida por completo de que existe una mente que está siempre alrededor de uno, siempre entre uno mismo y el mundo. Siempre, donde quiera que se esté —entre uno y su amante, entre uno y su amigo, entre uno y su Dios— siempre está ahí.

Donde quiera que uno vaya, la mente está adelantada un paso. No es sólo que a uno lo siga como una sombra, sino que también está adelantada un paso, ha llegado antes que uno. Pero uno nunca se da cuenta porque es tan transparente.

Cuando uno entra a un templo, la mente ha entrado antes que uno. Cuando uno se acerca a un amigo, cuando uno lo abraza, la mente ha abrazado antes que uno. Y esto uno lo puede saber, la mente siempre está ensayando. Antes de que uno hable, la mente ensaya lo que se hablará. Antes de que uno actúe, la mente está ensayando lo que se actuará. Antes de hacer cualquier cosa o dejar de hacerla, la mente está ensayando. El ensayo significa que la mente se prepara antes que uno, siempre está un paso adelante. Y eso es una barrera constante y transparente entre uno y todo lo que se le cruce en el camino, todo a lo cual se enfrentará.

Por ende, un encuentro jamás puede ser real ni auténtico, porque algo siempre está en medio. Tampoco se puede amar, ni se puede rezar. No se puede hacer nada que requiera la eliminación de esta barrera. La gracia no se siente porque la barrera está ahí, rodeándolo a uno siempre, como un caparazón transparente. La gracia o el amor o la existencia no están abiertos para recibirla. Cuando alguien está abierto, se convierte en el receptor. Pero entonces, tampoco diremos que se ha convertido en un receptor. El ego es competitivo. Diremos que ha recibido la gracia. Le negamos cualquier cosa. Ahora decimos: "Lo divino ha sido agraciado con él".

Es bueno que digamos que lo divino es agraciado porque entonces no existe nada más que lo divino. Una vez que la barrera deja de ser, no hay nada sobre lo cual se pueda parar el ego. El ego no puede decir "yo", por lo tanto, no puede decir: "Yo me he vuelto capaz de recibir la gracia". No puede decir "yo" he recibido porque "yo" no estuvo ahí. "Yo" era la barrera. Cuando "yo" deja de ser, el ego puede decir: "Es por la gracia divina. ¿Qué puedo hacer? Yo ya no es".

Es correcto cuando *él* lo dice, pero no es correcto cuando *nosotros* lo decimos. De nuevo, nos estamos engañando. Nos engañamos porque no estamos reconociendo una gran transformación. El ego no permite que la reconozcamos. El ego dirá: "Dios es agraciado con él y no conmigo". Creamos esta noción muy equivocada de que Dios es agraciado con alguien. Lo divino *es* la gracia.

Si alguien está listo para recibir, la existencia siempre está dando. Ni siquiera está "lista para dar", sino que simplemente da. Incluso cuando uno no está recibiendo, la existencia está dando. Cuando uno está cerrado, también entonces llueve, las bendiciones llueven. Sé abierto y sábelo. Sé consciente y abierto, y sólo entonces se puede saber lo que es el amor, lo que es la gracia, lo que es la compasión. Y son uno y lo mismo, no son cosas distintas. Básicamente son uno y lo mismo.

Sólo entonces se puede saber lo que es la oración. Cuando la barrera deja de ser, la oración no es pedir algo, no es ruego. Entonces, es dar gracias. Por lo tanto, cuando hay una oración que ruega por algo, la barrera está presente. El ruego mismo es la barrera, la mente misma es la barrera.

Cuando hay una oración que da gracias por algo, y ni siquiera por algo específico, sino por todo lo que es... cuando se recibe la gracia, uno siente agradecimiento. Por parte de la existencia, es gracia y, por parte de quien la recibe, es agradecimiento.

No hemos conocido en absoluto el agradecimiento. No podemos saber a menos que conozcamos la gracia. No podemos sentir agradecimiento a menos que conozcamos la gracia. Y esto se puede saber.

No inicies una búsqueda, no comiences ninguna indagación en torno a lo divino, porque eso es metafísico e inútil. Desde siglos atrás, los filósofos han estado pensando en cuáles son los atributos de Dios. Ha habido metafísicos que dirán: "Esto es un atributo de Dios y aquello no". Alguien dirá que Dios no tiene atributos: *nirguna*. Alguien dirá que Dios tiene atributos: *saguna*. Pero, ¿cómo podemos saber lo que no hemos conocido nosotros mismos? ¿Y, cómo podemos decidir si Dios tiene o no atributos, o si es amoroso o no? ¿Sólo por el hecho de pensar que lo vamos a decidir? Eso no es posible. Por lo tanto, los metafísicos nos conducirán a lo absurdo. Cuando la imaginación humana se torna lógica, pensamos que hemos logrado algo. No hemos logrado nada. La imaginación es nuestra, la lógica es nuestra. No hemos conocido nada.

Siempre comienza contigo mismo si has de escapar de la metafísica. Y si no puedes escapar de la metafísica, no puedes ser religioso. La metafísica y la religión son pilares opuestos. No comiences en absoluto con Dios. Siempre comienza con tu mente —desde el sitio donde estás—. Siempre comienza desde ahí. Si comienzas desde tu mente, algo se puede hacer. Entonces, uno podrá saber algo, entonces, algo podrá ser transformado. Entonces, hacer algo estará dentro de la capacidad de uno. Y si la capacidad de hacer algo dentro de uno mismo es utilizada completamente, uno crecerá, se expandirá, la barrera desaparecerá, la conciencia estará desnuda. Sólo entonces se puede comenzar con lo divino.

Cuando uno ha comenzado, cuando uno está en contacto con lo divino, entonces uno sabe lo que es la gracia, lo que es el agradecimiento. La gracia es aquello que uno siente le llueve por todas partes, y el agradecimiento es aquello que uno siente en el corazón, en el centro de ese espacio sobre el cual el todo está regando su amor, su compasión, su gracia. De otro modo, nuestras palabras son sólo palabras —no conocidas desde la existencia, sino simplemente aprendidas del lenguaje, aprendidas de las escrituras.

Por lo tanto, no diré que son atributos de lo divino. En lo que respecta a mí, hasta donde sé, lo divino no tiene atributos. Pero eso no significa que cuando entramos en contacto con lo divino, no sentiremos amor, que no sentiremos gracia. Sólo significa que estos no son atributos, son su naturaleza. Así es lo divino y no puede ser de otra manera. Cuando uno está cerca de lo divino, cuando uno está simplemente devolviéndole a la existencia, también es lo mismo.

Es igual que la luz; uno cierra los ojos, pero la luz sigue estando ahí. ¡Abre los ojos! La luz está ahí, siempre ha estado ahí. Comienza con tus ojos.

Uno jamás puede pensar algo acerca de la luz. ¿Cómo puede pensarlo? Y cualquier pensamiento, cualquier contemplación, estará equivocado; desde el inicio, será equivocada. Uno no puede pensar, uno no ha conocido.

Pensar en aquello que es conocido, significará seguir yendo en círculos. Jamás se podrá tocar lo desconocido, jamás se podrá concebir lo desconocido. Lo desconocido no es para el pensamiento. Es por ello que los pensadores seguirán negando lo divino, porque es desconocido para ellos. Cuando alguien dice que lo divino no es, no significa que esté en contra de lo divino, sino que es un hombre que piensa; se trata sólo de eso. No es que esté en contra de lo divino, porque estar en contra de lo divino tendría que estar precedido por el conocimiento de lo divino. No está en contra de la existencia. El que conoce no puede estar en contra. El que ha conocido, ¿cómo podría estar en contra? Sólo demuestra que sigue pensando. Y el pensamiento no puede concebir lo desconocido y, por lo tanto, lo niega.

No comiences con Dios. Ese es un comienzo falso, siempre lleva al sinsentido. Toda la metafísica es un sinsentido. Sigue pensando sobre cosas en torno a las cuales nada se puede pensar. Sigue proporcionando declaraciones acerca de la existencia, misma en torno a la cual ninguna declaración se puede hacer. Sólo el silencio puede ser una declaración en torno a la existencia.

Pero si uno comienza consigo mismo, entonces mucho de lo que es sólido se puede decir. Si uno comienza con uno mismo, entonces se principia con el comienzo correcto.

La religiosidad significa comenzar con uno mismo, y la metafísica significa comenzar con Dios. Por lo tanto, la metafísica es una locura —aunque, claro, con una metodología—. Todos los locos son metafísicos sin metodología y todos los metafísicos están locos pero con metodología. Por motivo de su metodología, parece que lo que dicen tiene sentido, pero siguen hablando sin sentido.

Comienza contigo mismo. No preguntes si existe Dios o no. Pregunta si existe el yo. No preguntes si el amor es un atributo de lo divino. Pregunta si el amor es un atributo propio: si "yo" he amado. No preguntes acerca de la gracia. Pregunta si "yo" he sentido agradecimiento, porque ese es el polo que está cerca, que está sólo a un paso de nosotros. Lo podemos conocer.

Siempre comienza desde el principio. Nunca comiences desde el final porque, de ser así, no será ningún principio. Aquel que comienza desde el principio siempre llega al final, y aquel que comienza desde el final, ni siquiera llega al principio porque comenzar desde el final es imposible. Así, uno terminaría simplemente por seguir y seguir.

Haz de Dios una experiencia religiosa y no una noción metafísica. Ve hacia adentro. Lo divino siempre está ahí, esperándolo a uno. Pero entonces, uno tiene que hacer algo consigo mismo. Ese hacer es la meditación; ese hacer es el yoga. Haz algo contigo mismo. Tal y como eres tú ahora, está cerrado. Tal y como eres tú ahora, está muerto. Tal y como eres tú, no está en ningún diálogo —no puede estar en ningún diálogo— con lo divino, con la existencia. Así que transfórmate. Abre algunas puertas, abre algunos espacios, construye algunas ventanas, sal de tu mente, de tu pasado. Y entonces no sólo conocerás, sino que vivirás. Vivirás con la gracia de lo divino; vivirás con el amor, serás parte de él, serás una ola de él. Y una vez que te hayas vuelto una ola del amor, una ola de lo divino, sólo entonces, habrá un auténtico estado de lo divino.

Por lo tanto, no soy en absoluto metafísico. Tú podrías llamarme antimetafísico. La religiosidad es existencial. Comienza contigo mismo, comienza a transformar tu mente agresiva. Permite que sea únicamente receptiva.

Me gustaría decirte… Buda intentó saber qué era lo divino durante seis años seguidos, y no se puede decir que haya dejado algo sin hacer. Hizo todo lo humanamente posible, incluso algunas cosas que parecen humanamente imposibles. Hizo todo. Él practicó todo lo que se conocía previo a él. Llegó a dominar cualquier método que le fuera enseñado.

Fue con todos los gurús que existieron en su época, con todos. Y aprendió y practicó todo lo que ellos podían enseñarle. Y entonces, dijo: "¿Hay algo más, señor?". Y el gurú respondió: "Ahora se puede ir, puesto que todo lo que le he podido dar, lo he dado, y no puedo decir, como en otros casos, que usted no practicó. Usted ha practicado. Esto es todo lo que puedo darle". Buda dijo: "Aún no conozco lo divino".

Esto sucedió con cada uno de los gurús. Entonces se alejó de todos los gurús. Luego, inventó sus propios métodos. Continuamente, a lo largo de seis años, estuvo entregado a una lucha de vida o muerte. Hizo todo lo que se pudo hacer. Hasta que, finalmente, estaba tan cansado de hacer, tan tremendamente cansado, que un día, cuando se bañaba en el Río Niranjana cerca de Bodhgaya, se sentía tan débil y cansado que no podía salir del río. Simplemente se sujetó de la raíz de un árbol y un pensamiento le vino a la mente: "Me he vuelto tan débil que ni siquiera puedo cruzar este pequeño río. ¿Cómo viviré para cruzar el océano del mundo entero? Lo he hecho todo y no he encontrado lo divino. Sólo he cansado mi cuerpo".

Se sintió al borde de la muerte. En ese momento preciso, sintió que lo había hecho todo y que ya no había nada más que hacer. Se relajó y una nueva ola de energía lo llenó, por motivo de su relajación. Todo lo que había estado suprimido durante esos seis años, floreció. Salió del río, se sintió como una pluma, la pluma de un pájaro —sin peso—. Descansó bajo un árbol Bodhi.

Era una noche de luna llena. Alguien se acercó —una niña, una niña *shudra* de nombre Sujata—. El nombre demuestra que la niña debe de haber sido una *shudra* porque tener el nombre de Sujata significa que no proviene de una casta alta. *Sujata* significa bien nacido. Ella le había prometido al árbol Bodhi que le llevaría una ofrenda a modo de homenaje todos los días, así que ha venido con algunos dulces.

Buda está ahí —cansado, pálido, sin sangre, pero relajado, sin carga alguna—, es una noche de luna llena y no hay nadie alrededor. La niña, Sujata, creyó que la deidad del árbol había venido para recibir su ofrenda. De haber sido otro día, Buda pudo haberse negado. De haber sido otro día, no hubiera descansado en toda la noche, no hubiera comido nada. Pero ese día, estaba totalmente relajado. Aceptó la comida y se durmió. Fue la primera noche en seis años en que realmente durmió.

Estaba relajado y sin nada que hacer. No había preocupación. No había siquiera un mañana, porque el mañana existe sólo porque uno tiene algo que hacer. Si uno no tiene nada que hacer, no hay mañana. Entonces, el momento basta.

Buda durmió y, a la mañana siguiente, a las cinco, cuando desvanecía la última estrella, salió del sueño. Vio cómo se desvanecía la última estrella, sin mente, porque cuando uno no tiene nada que hacer, no hay mente. La mente es sólo una facultad para hacer algo, una facultad técnica. Sin mente, sin algo que hacer, sin esfuerzo alguno de su parte, indiferente ante la posibilidad de estar vivo o muerto, simplemente abrió los ojos y comenzó a bailar. Había llegado a conocer aquello a lo cual no había llegado a través de tantos esfuerzos.

Cuando alguien le preguntaba cómo lo había logrado, decía: "Entre más intentaba lograr, menos conseguía. No podía lograr. Entonces, ¿cómo puedo decir que lo he logrado? Entre más trataba, más me involucraba. No podía lograr. La mente trataba de trascender, lo cual era imposible. Es como tratar de ser un padre para uno mismo, como tratar de darse a luz a uno mismo".

Entonces, Buda decía: "No puedo decir qué logré. Sólo puedo decir que intenté tanto, que estaba aniquilado. Intenté tanto, que cualquier esfuerzo se tornó absurdo. Y el momento llegó cuando no estaba tratando, cuando la mente no era, cuando no estaba pensando. Entonces, no había futuro alguno, porque no había pasado. Ambos siempre estaban juntos. El pasado está atrás, el futuro está delante; siempre están unidos. Si uno se derrumba, el otro se derrumba de modo simultáneo. En ese momento, no había pasado ni futuro, no había mente. Yo estaba sin mente. Estaba sin el "yo". Entonces, algo ocurrió, y no puedo decir que ese algo haya sucedido en ese momento. Sólo puedo decir que esto siempre estuvo sucediendo, sólo que yo no estaba consciente de ello. Siempre estuvo sucediendo, sólo que yo estaba cerrado. Por lo tanto, no puedo decir que haya logrado algo".

Buda dijo: "Sólo puedo decir que he perdido algo —el ego, la mente— no he logrado nada en absoluto. Ahora sé que todo lo que tengo siempre ha estado ahí. Estaba en cada capa, estaba en cada piedra, en cada flor, pero ahora, reconozco que siempre fue así. Sólo que yo estaba ciego. Así que he perdido mi ceguera; no he logrado nada, he perdido algo".

Si uno comienza con lo divino, comienza a lograr. Si uno comienza consigo mismo, comienza a perder. Las cosas comenzarán a desaparecer y, por último, uno mismo desaparecerá. Y cuando uno ya no es, lo divino es —con toda su gracia, con todo su amor, con toda su compasión, pero sólo cuando uno no es.

La no existencia de uno mismo es la condición categórica. Para nadie puede ser relajado. Es categórico, es absoluto. Uno mismo es la barrera. Cae y entonces sabrás. Y sólo cuando se sabe, se sabe. No es algo que tú puedas comprender, yo no te lo puedo explicar. No puedo hacer que tú lo entiendas. Cualquier cosa que yo esté diciendo, no es metafísico. Sólo intento mostrarte que debes comenzar contigo mismo.

Si uno comienza consigo mismo, terminará con lo divino, porque esa es la otra parte de uno, el otro polo. Pero comienza desde este lado. No comiences desde el otro, donde no está. Uno no puede comenzar ahí. Comienza donde estás y, entre más profundo vayas, menos será.

Entre más se conozca uno mismo, menos será "yo". Y una vez que se haya llegado al entendimiento total de uno mismo, uno estará aniquilado, entrará en la no existencia, será totalmente negativo —el *no*—. Y en ese no, en esa negación total, uno conocerá la gracia que siempre desciende, que siempre llueve de la eternidad. Uno conocerá el amor que lo rodea siempre. Siempre ha existido, sólo que uno no le ha puesto atención. Cuando estés aniquilado, estarás consciente de ello.

# Capítulo 5

# La meditación y los caminos hacia el despertar interior

─────────── ✳ ───────────

*¿Cómo funciona la meditación, realmente? ¿Cómo se puede lograr un estado de meditación constante? ¿De qué manera se relaciona la práctica kundalini con la meditación?*

La meditación es una aventura, una aventura hacia lo desconocido —la aventura más grande que puede emprender la mente humana—. Y con aventura, me refiero al hecho de que uno no puede ser educado para meditar. Primero, no hay algo que uno pueda saber de antemano. A menos que uno la *conozca*, no lo puede *saber*. Todo lo que se ha dicho, en realidad no significa nada: la verdad permanece sin decirse. Mucho se ha dicho, mucho se ha dicho acerca de nada; sin embargo, ni una sola verdad se ha pronunciado.

A menos que uno la *conozca*, no lo puede *saber*. Pero algo acerca de la meditación puede ser señalado. Jamás será preciso, no puede serlo. Su naturaleza es tal que hace que eso sea imposible. No se puede decir que *esto* sea la meditación. Lo único posible es decir que *esto* no es meditación, *aquello* no es meditación, *aquello otro* no es meditación. Lo que queda, *es*. Y lo que queda permanece sin ser señalado.

Hay muchas razones. La meditación es algo más grande que la mente. No es algo que suceda en la mente. Es algo que le sucede a la mente, no dentro de la mente; de no ser así, la mente sería capaz de definirla, la mente sería capaz de conocerla, de comprenderla. No es algo que suceda en la mente, sino a la mente. El suceso es igual a como la muerte le sucede a la vida. La muerte nunca sucede dentro de la vida, sino que le sucede a la vida.

La meditación es igual que la muerte a la mente, así como la muerte a la vida. Podemos decir que la meditación es una muerte más profunda —no física, sino psíquica—. Entre más profunda sea la muerte, más profunda será la posibilidad de renacer. Cuando hay muerte física, uno renacerá de modo físico. En lo que respecta a uno mismo, nada habrá sucedido, nada. Uno seguirá igual —la misma continuidad, la misma vieja continuidad.

Entre más profunda sea la muerte, más profunda será la resurrección. Si uno muere psicológicamente, si muere la mente, uno renace. Y este renacimiento no es como un renacimiento físico, puesto que en este caso, el cuerpo es reemplazado; un cuerpo nuevo lo reemplaza. Pero cuando hay una muerte mental, una muerte psíquica, la mente no es reemplazada. La conciencia permanece sin la mente.

Por lo tanto, la meditación es conciencia sin mente —un cielo abierto sin paredes alrededor—. Podemos destruir las paredes de esta casa, pero no el lugar,[2] porque 'lugar' no significa más que espacio. Así que, entonces, el lugar será el estado de lugar. El lugar estará ahí, bajo el cielo abierto. Por supuesto que uno ya no lo verá como aquel lugar, puesto que ahora no lo podrá definir, se ha hecho uno sólo con el cielo. Pero el lugar está ahí más que antes, solo que las paredes, no. Así que si uno define el lugar como el estado de lugar, como el vacío entre paredes, entonces, sin las paredes, el lugar seguirá estando ahí. Se habrá vuelto más grande, infinito.

---

[2] Osho utiliza el término *room* del inglés, mismo que es sinónimo de 'cuarto' o 'habitación', pero también, en otra acepción, sinónimo de 'espacio'. Por ello, se ha decidido emplear el término 'lugar', siendo éste el más adecuado para acercarse a la intención de Osho al hacer uso de la palabra *room*, ya que los términos 'cuarto' o 'habitación' no encierran la connotación de 'espacio' como tal, en ninguna de sus acepciones.

Entonces, mientras va muriendo la mente —y cuando digo que la mente muere, me refiero a las paredes de la mente— el vacío que existe dentro de este espacio, permanece, crece. Eso es la conciencia. Haz una distinción. Yo le llamo conciencia al vacío interior, y digo que las paredes son la mente. O también se puede decir así: la mente con 'm' minúscula muere, mientras que la Mente con 'M' mayúscula sigue viviendo. Entonces, no es la mente propia, no puede ser propia. Si se quitan estas paredes, este lugar no sería la mente. El lugar estará ahí, pero no será la mente, porque la mente sólo puede ser las paredes, la mente sólo puede ser las limitaciones. Este vacío puro no puede ser la Mente. Entonces, la mente con 'm' minúscula muere, y la Mente con 'M' mayúscula está ahí; uno mismo no está ahí. Y uno no es reemplazado por ninguna otra mente, uno no es reemplazado en absoluto.

Así que la meditación es una muerte sutil —la muerte profunda de uno mismo, de su mente, de su ego, de todo aquello que lo define a uno—. Pero aquello que está adentro, permanece. Eso es conciencia pura.

Entonces, en primer lugar, las paredes de la mente, los procesos mentales, no son meditación, son obstáculos. ¿Qué son las paredes de la mente? ¿Cómo se ha definido la mente a sí misma? ¿Cómo se ha convertido en algo limitado? ¿Dónde están las barreras, las paredes, debido a las cuales la mente se ha separado de la Mente?

Hay tres cosas. La primera, es la memoria. La gran parte de la mente es memoria. Y esta memoria es larga, se extiende hasta toda la infinita cantidad de vidas que uno ha vivido. La mente acumula todo, no sólo aquello que uno ha coleccionado de modo consciente. Cuando uno duerme, la mente está coleccionando. Incluso cuando se está en coma, completamente inconsciente, la mente está coleccionando. La mente sigue coleccionando. Nada se le escapa. La mente subconsciente es un gran muro chino de recuerdos —uno muy largo.

Esta memoria no es sólo parte del cerebro, sino que es parte de cada una de las células del ser, cada una de las células del cuerpo. Es por eso que veinticuatro células del hombre y veinticuatro células de la mujer comienzan a crearlo a uno. Tienen un programa integrado, tienen una memoria integrada. Algún día seremos capaces de saber qué tipo de nariz se tendrá, incluso desde el primer día en la matriz. El óvulo nuevo indicará qué tipo de ojos se tendrá, qué tan viejo se será, cuánta inteligencia se tendrá, cuánto ego.

Esa célula aparentemente sencilla es tan compleja como uno mismo. Es todos los recuerdos de la raza completa. Continúa la mente colectiva. Y entonces, el alma de uno, el ego, la mente, la penetra. Así que el cuerpo tiene sus propios recuerdos, y la mente, los suyos. Uno es un entrecruce —una mente con tantos recuerdos y un cuerpo con tantos recuerdos de la raza colectiva entera, la mente colectiva entera. Los recuerdos corporales son más fuertes que la mente. Así que uno siempre es víctima de ellos. Independientemente de lo que uno piense en contra de los recuerdos corporales, llegado el momento, el cuerpo gana. La mente no es nada frente al cuerpo porque es una mente de la raza humana. Es por eso que todas las religiones se derrumbaron cuando comenzaron a luchar contra el cuerpo. No se puede luchar contra el cuerpo. Si se comienza a luchar contra él, sólo se estaría desperdiciando la vida.

Uno no puede luchar contra el cuerpo porque, de hecho, es la raza —no sólo la raza, sino la historia entera del ser mismo—. Las cosas siguen viviendo a través de uno. Todo lo que ha existido sigue viviendo en el cuerpo de uno. El propio ser contiene y carga con todo. Es por eso que un niño en la matriz tiene que pasar por todas esas etapas a través de las cuales el ser humano pasa en la evolución.

Esos nueve meses en la matriz son la evolución completa, comprimida. Uno comienza como una mera ameba, la primera célula primitiva. Uno comienza en la misma situación en la que tuvo que comenzar una ameba en el agua del mar. El agua de la matriz dentro de la cual nada la célula, tiene los mismos componentes que el agua del mar, exactamente los mismos.

La evolución comienza de nuevo en la matriz. Por supuesto que se trata de una evolución en miniatura. Pero todo tiene que comenzar de nuevo porque la célula tiene una memoria, no puede funcionar de otro modo. Atravesará el mismo proceso de nuevo. El tiempo será corto. La ameba tuvo que pasar por millones de años para poder salir del mar y llegar a la tierra. Esta célula, este óvulo célula dentro de la matriz, pasará al cabo de una semana. Pero durante esos siete días, habrá la misma evolución de miles de años, comprimida, las mismas etapas. Estos nueve meses son la evolución comprimida y la célula tiene un programa integrado.

Así que, de cierto modo, el cuerpo de uno es la evolución entera. En un estado atómico muy comprimido, el cuerpo tiene memoria propia. Aquel que desea o anhela meditar, tendrá primero que comprender la memoria de su cuerpo, la memoria fisiológica. No luches contra ella. Si comienzas a luchar contra ella, estarás dando un paso equivocado. Estarás más y más perturbado. Sé cooperativo, no hay otra manera. Deja que el cuerpo esté en completa calma. No crees ninguna tensión entre tú mismo y tu cuerpo. Tu verdadera lucha no es contra el cuerpo, no es contra la memoria del cuerpo, sino contra la memoria del ego —la psique, la mente—. Y eso es otra cosa, algo completamente distinto. Así que no luches contra el cuerpo.

Cuando luchamos contra el cuerpo, nunca tenemos tiempo para luchar contra la mente. Y si comenzamos a luchar contra el cuerpo, seguirá sin cesar. Será suicida, será destructivo, sólo sembrarás las semillas de tu propia derrota. Uno está destinado a la derrota —una sola célula luchando contra la humanidad entera, luchando contra el ser como tal; eso es imposible.

Por lo tanto, no percibas los recuerdos corporales como si fueran los propios. Por ejemplo, el hambre es un recuerdo corporal. Uno puede luchar contra él, pero ganarle sería muy difícil, muy arduo, casi imposible. Si uno gana, la victoria será la derrota total porque, si uno logra ganarle al hambre, habrá tomado un paso suicida. Dentro de noventa días, se estará muerto. Ni siquiera el cuerpo le indicará a uno que es hora de alimentarlo. Así que es mejor que uno no pueda ganarle jamás porque, de otro modo, sería suicida. No habrá ningún puente entre uno y sus recuerdos corporales. Ese sería el único modo de ganar —pero en verdad no se estaría ganando, sino que uno mismo se estaría matando.

Hay métodos que pueden romper el puente entre uno mismo y el cuerpo. Existen métodos, tantos métodos *hatha* para romper el puente. El cuerpo sigue gritando hambre, hambre, hambre… pero uno nunca se entera, el puente está roto. El cuerpo sigue, pero uno nunca se entera, se vuelve insensible ante él. Jamás practiques algo que haga que tu cuerpo o tú mismo sean insensibles porque la meditación es la sensibilidad absoluta.

Cuando se es meditativo, el cuerpo se vuelve muy sensible —no te puedes imaginar lo sensibles que se pueden volver los órganos del cuerpo—. Jamás escuchamos con exactitud, jamás vemos con exactitud; sólo lo hacemos a medias. Uno atraviesa por un jardín y parece estar mirando, pero simplemente ve, no mira. Los ojos se han vuelto insensibles, uno ha estado luchando contra los ojos. El cuerpo se ha vuelto insensible, uno ha estado luchando contra el cuerpo.

Toda la cultura está en contra del cuerpo —toda cultura, donde quiera que esté, Occidente u Oriente, es lo mismo—. La cultura que se ha desarrollado en este planeta está, de cierto modo, enferma. Está en contra del cuerpo y el cuerpo es un gran misterio. Si uno se coloca en contra del cuerpo, de cierto modo, uno se ha colocado en contra del universo; el cuerpo es el universo en miniatura. La relación de uno mismo con el universo, su puente con el universo, sus instrumentos para el universo, son todos a través del cuerpo.

Así que no luches en contra del cuerpo. Siempre haz una clara distinción entre lo que es la memoria del cuerpo y la memoria de la mente. El hambre es parte de la memoria corporal y eso uno lo puede saber. Pero la mente también tiene sus recuerdos. No son existenciales; de hecho, no tienen ningún valor para la sobreviviencia. Los recuerdos corporales tienen un valor para la sobreviviencia y esa es la diferencia básica. Si uno niega los recuerdos del cuerpo, si se lucha en contra de ellos, no se sobrevivirá. Pero los recuerdos psicológicos realmente no tienen ningún valor para la sobreviviencia. Son simplemente acumulaciones de desecho —algo que se ha de desechar si se ha acumulado, algo que hace falta desechar—. Uno se ha hecho de una carga. Y estos recuerdos de la mente son largos.

Cuando uno está enojado, hay dos posibilidades: puede tratarse de un recuerdo corporal o puede tratarse de un recuerdo mental. Se debe hacer una distinción entre ambos. Si el enojo de uno tiene valor para la sobreviviencia, si uno no puede sobrevivir sin él, ese enojo es del cuerpo. Pero si el enojo no tiene ningún valor para la sobreviviencia, es simplemente un hábito de la mente, una repetición mecánica de la mente. Es un recuerdo de la mente. Uno ha estado enojado tantas veces, que se ha vuelto una costumbre. Siempre que alguien lo provoca a uno, siempre que oprime el botón, uno vuelve a enojarse. Así que ponte atento.

Aquel que nunca está mentalmente enojado, que no está enojado por hábito… su enojo corporal tendrá una belleza propia. Nunca será feo. Sólo significará que esa persona está viva y no muerta. Pero entre más se enoje uno por hábito, menor será su capacidad de enojo corporal y el enojo simplemente será feo. No le añadirá nada, sólo será molesto para uno mismo y para los demás.

También se puede comprender desde otro camino. Por ejemplo, el sexo. Puede tratarse de un recuerdo corporal y entonces tiene un valor para la sobreviviencia. Pero puede ser meramente cerebral, mental, producto del hábito. Entonces, no tiene ningún valor para la sobrevivencia. Y para quien ha quedado atrapado en el patrón del hábito, el sexo será algo feo. Tampoco contendrá amor alguno, ni belleza alguna. No contendrá música alguna, no contendrá respuesta profunda alguna. Entre más cerebral sea el sexo, menos capaz será el cuerpo. Uno lo pensará más y no podrá saber qué es exactamente, cuál es su misterio más profundo. La mente continuará pensando en el sexo y el cuerpo tendrá que seguir a la mente. Y siempre que el cuerpo sigue a la mente, no tiene vida; es simplemente arrastrado como un peso muerto.

Puede ser cualquier cosa —el sexo, el enojo o la avaricia—. Siempre haz una distinción en torno a su valor para la sobrevivencia, y entonces ya no tendrás que luchar en su contra. Si se trata sólo de un hábito mental, ponte atento a ello. Esta memoria mental de todas las acciones pasadas de uno, se ha vuelto una costumbre. Uno sigue repitiéndolas, actúa como una máquina. Sé consciente de ello. Te sorprenderá saber, si no hay mente en su enojo y si se trata de una respuesta total y de todo el cuerpo a una situación, sin predisposición corporal. Entonces, no habrá arrepentimiento. Uno habrá actuado de modo total ante la situación, de acuerdo con lo que requería la situación. Entonces, no habrá arrepentimiento alguno.

Otra cosa: cuando no hay arrepentimiento, no habrá acumulación psicológica. Nada será un hábito. No es necesario acumular nada. ¿Por qué a la mente le hace falta acumular recuerdos? Porque no tiene la confianza en sí misma de poder actuar de modo total en una situación. Se prepara, tiene que llevar a cabo tantos ensayos. Si llega a presentarse una situación como tal o tal otra, no tiene confianza en sí misma en torno a cómo reaccionará. Debe saber todo lo que ha sucedido, debe poner las cosas en su lugar, debe hacer programas en torno a lo que ha de hacerse en una situación particular. Por eso la mente acumula memorias y, entre más acumula, menor será la capacidad para actuar de modo total. Y entre menos capaz sea uno de actuar de modo total, más necesaria será la mente.

Por lo tanto, actúa con el cuerpo y no con la mente. Esto parecerá extraño, como algo jamás esperado de un hombre religioso —actúa con el cuerpo—. Entonces, el acto será inmensurable, la respuesta será total. No permitas que entre tu mente. Así, no habrá memoria, no habrá acumulación mental, no habrá arrepentimiento. El acto simplemente termina. Las cosas fueron tales, la situación fue tal, uno actuó de modo total, sin rastros que queden atrás. Así, nadie se puede arrepentir. Uno fue total ante la situación. De no ser así, la parte que es suprimida se arrepentirá más adelante.

El cuerpo puede actuar de modo total; la mente jamás puede actuar de modo total. La mente siempre está dividida, la mente trabaja con dicotomías. Una parte de la mente está enojada, mientras que, de modo simultáneo, otra parte se está arrepintiendo o preparándose para el arrepentimiento. Esto también debe señalarse: siempre que haya una parte que esté constantemente en contra de otra, uno puede saber que está actuando a través de la mente y no del cuerpo. El cuerpo siempre es un total; no puede actuar de modo dividido. El cuerpo es un flujo, no hay divisiones. Cuando uno se enamora, es el cuerpo completo el que se enamora. No se puede hacer una distinción como sería la de decir que la cabeza se ha enamorado, o que las manos comienzan a amar. El cuerpo completo está en eso, pero la mente jamás puede estar de modo total en nada. Una parte de ella siempre estará criticando, juzgando, exigiendo, apreciando; una parte siempre estará sentada en la banca, lista para juzgar, para condenar. Así que cuando uno ve que alguna parte de su mente está trabajando en contra del acto, sabrá que lo está haciendo de modo cerebral, mental.

Comienza a hacer las cosas corporalmente. Cuando comas, come corporalmente. El cuerpo sabe bien en qué momento detenerse, pero la mente nunca lo sabe. Una parte seguirá comiendo, mientras que otra parte seguirá condenando. Una parte seguirá diciendo alto, mientras que la otra seguirá comiendo. El

95

cuerpo es total, así que pregúntele al cuerpo. No le preguntes a la mente si hay o no que comer, si hay o no que detenerse. El cuerpo sabe lo que se necesita. Tiene acumulada la sabiduría de siglos y siglos. Sabe cuándo detenerse.

No le preguntes a la mente, pregúntale al cuerpo. Cuenta con la sabiduría del cuerpo. El cuerpo es más sabio que uno. Es por eso que los animales viven de modo más sabio que nosotros. Viven de modo sabio pero, claro, no piensan. Si llegaran a pensar, serían igual que nosotros. Esto es un milagro: que los animales puedan vivir de modo más sabio que los seres humanos. Parece absurdo. No saben nada, pero viven de modo más sabio. La única habilidad en la que el ser humano se ha vuelto más eficiente es la de interferir con todo. Uno sigue interfiriendo con su cuerpo. No interfieras, deja que el cuerpo funcione. No te interpongas en su camino y entonces serás capaz de distinguir claramente entre lo que es la memoria mental y la memoria corporal.

La memoria del cuerpo es una ayuda para la sobrevivencia; la memoria mental obstruye. Esta memoria mental debe ser destruida. Cuando digo destruida, no me refiero a que uno no recordará nada. De hecho, cuando digo que hay que destruir la memoria, me refiero a que uno no se debe identificar con la memoria, uno no debe hacerse uno con la memoria. La memoria no debe de ser una cuestión autónoma; no debe de perpetuarse a sí misma.

Se sigue perpetuando. Uno está sentado y la memoria está trabajando. Uno está durmiendo y la memoria está trabajando. Uno está trabajando y la memoria está trabajando. La memoria sigue trabajando de modo continuo. ¿Qué está haciendo? ¿Qué puede hacer la memoria? Sólo puede desear lo mismo para el futuro. No puede hacer otra cosa. Puede perpetuarse y proyectarse hacia el futuro: "Todo lo que ha sido, debe de volver a ser, o algo que ha sido, no debe de ser".

La memoria siempre está tejiendo un patrón alrededor de uno para el futuro. Y al permitir que la memoria teja un patrón para uno, jamás se será libre. Siempre se estará dentro de un patrón. Ese patrón constituye las paredes que rodean el vacío de la conciencia. Antes de que uno tome un solo paso hacia el futuro, la memoria ya ha tomado muchos. El camino no es entonces un camino abierto, sino que se ha convertido en un encarcelamiento. La memoria siempre está haciéndolo más estrecho. Pero la memoria nos engaña porque pensamos que nos ayuda a vivir el futuro de mejor manera. No nos está ayudando. Sólo nos ayuda a hacer que nuestro futuro sea igual que nuestro pasado.

La memoria no puede proyectar algo que no haya conocido. Sólo puede proyectar lo conocido: lo proyectará. No caigas en la trampa. No permitas que la mente se proyecte hacia el futuro, ni siquiera por un instante. Claro que tomará tiempo deshacerse de este hábito muerto. La meditación es comenzar a tomar conciencia de ello. Y cuando uno tome conciencia, conciencia plena, intensa, alerta, la memoria dejará de tejer el futuro para uno; sólo podrá tejer cuando uno sueña.

El soñar es una condición básica para que funcione la memoria. Es por eso que cuando uno duerme, la memoria crea sueños que tienen un aspecto real —con una apariencia más real que la realidad—. Cuando uno está sentado en una silla cómoda, hay ensueños, hay fantasías. Pero sólo es cuestión de cabecear un poco y la memoria comienza a tejer, comienza a proyectar. Mantente alerta, consciente, y la memoria dejará de trabajar para el futuro. El estar alerta, más alerta por dentro y por fuera, es el principio de la meditación.

Este estado de alerta se puede crear de muchas formas. Sé que tú no vas a estar alerta por el simple hecho de que yo te diga que lo estés. Tú escucharás esto en un estado de sueño y la memoria se proyectará: "Sí, estaré alerta mañana". Y la memoria trabajará sobre esto y hará un proyecto. Tú dirás: "Sí, estaré alerta en algún momento". Y si te digo que la felicidad te sigue a ese estado de alerta, si te digo que la dicha está dispuesta a llegar a través del estado de alerta, tú soñarás más. Y la memoria proyectará eventos.

El solo hecho de decirte que estés alerta, no hará que tú seas meditativo; no tendrá ninguna incidencia. Por lo tanto, genero instrumentos, creo situaciones dentro de las cuales tú no puedes más que estar alerta, situaciones en las que el sueño es imposible.

Te diré algo… el sueño es más probable cuando hay más dióxido de carbono en el entorno de uno; uno soñará más. Por eso, de día no se está en un estado de ensueño tanto como en la noche. Los componentes químicos cambian. De noche, hay más dióxido de carbono en el aire y el oxígeno es menor. Así que si lo contrario es posible, si el oxígeno dentro de uno y alrededor de uno es mayor y se desecha dióxido de carbono, uno no puede estar en un estado de ensueño. Por eso insisto en la respiración vigorosa. No es más que un dispositivo químico para cambiar la atmósfera química dentro de uno. El oxígeno debe de estar ahí más y más. Entre más oxígeno haya, es menos probable que uno sucumba al ensueño. Y los recuerdos no pueden funcionar sin el medio del ensueño.

En la mañana sentimos frescura. ¿Qué sucede en las mañanas con la salida del sol? El dióxido de carbono decrece y el oxígeno se incrementa. El mismo cambio químico es necesario dentro de uno. La técnica que utilizamos hoy en día en nuestros campamentos de meditación es el método más fuerte para generar un exceso de oxígeno en el cuerpo. Y después de las primeras tres etapas, en la cuarta, el alumno está cargado de una energía de vida tremenda, misma que hace que esté muy alerta.

Otro dispositivo para hacer que uno esté alerta es la práctica kundalini. Se trata de un sistema para transformar la energía sexual para la meditación y la conciencia. Es útil para personas cuya energía sexual puede ser fácil y naturalmente canalizada para propósitos meditativos. En la época de los Vedas y los *upanishads*, en la India antigua, la gente era sencilla y natural y podían convertir su energía sexual con facilidad. Para ellos, el sexo no era en absoluto un problema mental, no era en absoluto un problema. Una vez que se convierte en un problema, se vuelve mental.

Hoy en día, el mundo moderno es tan sexualmente perverso y explotado, que la práctica kundalini —el movimiento de energía psíquica dentro de un canal psíquico particular— se ha tornado difícil. Pero a través de este método, a veces se siente que surge kundalini. Esa es otra cosa. Si alguien siente que surge su kundalini, comienzo a trabajar sobre su kundalini, comienzo a proveerle de técnicas para trabajarlo. Pero, a menos que haya un sentimiento espontáneo de kundalini, ni siquiera toco el tema. No hablo de él. Se puede pasar por alto, y estas épocas son tales que habrá que pasarlo por alto. Sólo con el sexo natural y físico, sin mente, puede funcionar el kundalini —puede funcionar con mentes inocentes.

En alguna parte del camino, cuando uno ha ido más al fondo de la meditación, la mente pierde su dominio. Como ya lo he comentado, cuando uno va más al fondo de la meditación, se hace una distinción entre estas dos memorias y entonces uno se vuelve menos y menos mental en torno al cuerpo y permite que el cuerpo funcione por sí solo a través de su propia sabiduría.

A veces, kundalini se activa. Si funciona de modo automático, es bueno. No permito su práctica de modo directo. De modo indirecto, llega a trabajar por sí solo. Y llega tantas veces. Por lo menos el treinta o cuarenta por ciento de las personas que trabajan este método, sienten kundalini. Cuando lo sienten, entonces yo estoy listo. Entonces, pueden proceder. Entonces, a través de este método, proceden por medio de la puerta de kundalini. Pero este método está conectado a kundalini sólo de modo indirecto, no de modo directo.

En lo que respecta a mí, pienso que no hay ningún futuro para los métodos de kundalini directos, a menos que el mundo entero asuma el sexo como un fenómeno natural. Y no hay técnicas de kundalini que se usen antes de la madurez sexual. A menos que el camino para kundalini se genere dentro de uno previo a la madurez sexual, existe la alta probabilidad —aunque el sexo sea asumido como algo natural— de que uno termine por convertirse tal vez no en un pervertido, pero sí en poco más que un animal.

Le contaré una historia de los *upanishads*…

Un rishi estaba sentado con su esposa y su hijo. A un lado de ellos, pasa un hombre y se enamora de la esposa. Le pide que lo acompañe a su casa. La esposa se va con el hombre. No hay crítica u objeción por parte del rishi, pero el hijo se enoja y le dice a su padre: "Esto es animal. Esto es lo que hacen los animales. Esto no se puede permitir. Cuando yo haga un código moral, no lo permitiré. Esto es lo mismo que hacen los animales". El padre dice: "Esto no es lo mismo que hacen los animales. Pero, por el contrario, tu rabia, tu enojo, es lo mismo que hacen los animales. Es una proyección de violencia moral, igual que un animal. De hecho, ningún animal permitiría lo que acaba de suceder, sino que lucharía".

Esta actitud, la actitud del padre, es en verdad una actitud superior. No puede ser comprendida. Él dice que nuestra actitud es como la de un animal. Los animales se pelean por sus parejas. Tienen un sentido de posesión territorial. Y si alguien lo llegara a profanar, ellos luchan. Pero el padre dice: "Yo soy humano. Si alguien ve a tu madre y se enamora de ella, no es culpa de nadie. Y si tu madre está lista, ¿quién soy yo para impedirlo? Yo también me he enamorado de ella de la misma manera. Es lo mismo. Así es como yo mismo me he enamorado de ella. Ella accedió a casarse, accedió a ser mi esposa, pero no mi posesión. Otro se ha enamorado. Sé de la debilidad humana porque me conozco a mí mismo, yo también me he enamorado. Así que no pasa nada malo. Y yo no soy un animal, así que no puedo pelear por esto. Sé que él es un ser humano igual que yo. Y tu madre es hermosa. Yo también me he enamorado de ella".

Pero esta es una moralidad muy elevada y sólo puede ser cultivada previo a la madurez sexual si uno ha sido entrenado —de otro modo, no puede ser así—. Después de la madurez sexual, uno no es capaz de canalizar la energía; es muy difícil. Pero si los canales están listos desde antes, la energía simplemente fluye a través de ellos, de un modo tan natural como fluye en el sexo. Y este hombre, este padre, este rishi, debe de haber sabido kundalini; de otro modo, no hubiera podido ser como era. Es imposible. Este rishi tenía un desarrollo dentro de kundalini —energía ascendiente— de lo contrario, esa actitud jamás hubiera surgido.

La energía descendiente siempre tiende a la violencia. La energía ascendiente tiende siempre hacia el amor, la comprensión y la compasión.

Así que este método es un método indirecto. Funciona a través de tantas puertas. Si el kundalini de uno se puede utilizar, el método lo utilizará. Se encaminará solo, es flexible. El método es absolutamente flexible. Si el kundalini de uno está listo y no se puede utilizar, si es peligroso, el método no lo utilizará. Entonces, habrá otros canales, otras rutas. Puede utilizar otras rutas.

Esas otras rutas no son nombradas porque ninguna enseñanza antigua las utilizaba. Pero hay otras rutas. Mahavira jamás habló de kundalini, jamás. Buda jamás habló de kundalini, jamás. Cristo nunca supo de kundalini. Lao nunca supo de kundalini. Ellos habían atravesado por otras rutas.

El camino de Buda no pudo haber sido a través de kundalini. Su sexo se había convertido en un aburrimiento absoluto para él, no estaba interesado en el sexo, en lo más mínimo. Y eso tenía forzosamente que ocurrir, puesto que su padre le había dispuesto a tantas mujeres hermosas de su reino. Toda mujer hermosa del reino estaba en su palacio. Simplemente llegó a la repugnancia. Tenía que ocurrir forzosamente; cualquiera llegaría a la repugnancia del mismo modo. Llegó a sentir una repugnancia tal por el sexo, que no podía concebir que la misma energía pudiera canalizarse. Nunca intentó hacerlo. E incluso, aunque alguien hubiera llegado a decirle que la energía sexual podría convertirse en energía divina, no lo hubiera escuchado, porque había conocido tanto sexo, que para él no encerraba nada divino. Era únicamente carnal. Buda utilizó otra ruta. No habló en absoluto de kundalini, pero hablaba de centros, de chakras. Él trabajaba con chakras.

Si uno trabaja con kundalini, hay un proceso gradual. Kundalini es una continuidad, tiene una continuidad igual que un termómetro. Sube igual que un termómetro, lentamente, lentamente. El pasaje es continuo. Buda nunca utilizó ese pasaje, pero hablaba de que los chakras funcionan en saltos súbitos. De un chakra, uno salta a otro. No hay una continuidad, simplemente salta. Debido a este proceso de saltos, Buda tenía una concepción del mundo completamente nueva. Decía que no hay continuidad en el mundo, sino saltos.

Nada es continuo. La flor no es continua con respecto al capullo; la flor es un salto. La juventud no es una continuidad de la infancia; es un salto. Por lo tanto, los filósofos budistas de hoy en día son muy felices, puesto que la ciencia también ha dicho que no hay continuidad. Todo salta, sólo hay un salto. Vemos continuidad sólo porque no podemos ver los espacios vacíos intermedios.

Uno ve la luz de este cuarto de modo continuo; no es continua. Los electrones están saltando, pero los espacios intermedios son tan pequeños que los ojos no los pueden conocer. No es continua; está saltando. Pero los saltos son tan veloces que cuando una partícula electrónica está muerta y llega la otra, el espacio intermedio no es advertido. Sólo hay un salto súbito. Uno enciende una llama en la noche y, en la mañana, cuando uno la apaga, piensa que está apagando la misma llama. La llama ha saltado miles sobre miles de veces. Se ha ido, se ha evaporado, y ha venido una nueva. Pero parece tan continua.

Heráclito dijo que uno nunca puede introducirse dos veces en el mismo río. Porque el río fluye, uno nunca puede introducirse en él dos veces. Buda dirá que uno no puede introducirse ni una sola vez, puesto que el río fluye. Tan pronto uno haya tocado la superficie, se ha ido. Antes de llegar a una profundidad mayor, se ha ido de nuevo. Incluso un solo paso, y tantos ríos han pasado. Y siempre es un proceso de saltos.

Este concepto de los saltos le llegó a Buda porque nunca pasó por kundalini. Pasó por un salto, de un chakra a otro. Así que habla de los siete chakras, eso también es posible. Yo puedo llegar a su casa saltando, así que toco sólo algunos puntos. Los espacios intermedios están ahí, no hay continuidad.

Mahavira jamás habla de chakras o de saltos, habla de explosiones. Uno es esto, y luego es esto otro. Ni siquiera hay muchas estaciones para saltar. Esta es otra ruta —la explosión, uno simplemente explota—. Un momento se es *esto* y, al siguiente, se es *aquello*. No hay continuidad ni salto, hay explosión. No hay punto intermedio para ser atravesado.

En el Zen, hay dos sectas: una se conoce como la escuela súbita del Zen; la otra, como la escuela gradual del Zen. Pero incluso el Zen gradual no habla de kundalini. Ha utilizado otra ruta. Así que no se habla de kundalini en el Zen, ni siquiera en la escuela gradual; se utilizó otra ruta.

El cuerpo tiene tantas rutas. Es un gran mundo en sí mismo. Uno puede trabajar a través de la respiración y a través de la respiración se puede dar el salto. Se puede trabajar a través del sexo y se puede dar el salto a través del sexo. Se puede trabajar a través de la conciencia —es decir, directamente a través de la conciencia— y se puede dar el salto. Este método de trabajar directamente con la conciencia es una de las rutas más profundas, pero incluso una sola ruta se puede utilizar de muchas formas. Uno debe de entender la complejidad de esto.

Por ejemplo, una carretera puede ser utilizada de muchas formas. Uno puede utilizarla con un automóvil, otro puede utilizarla con una carreta, mientras que otro, simplemente la camina. La ruta es la misma, pero el método es absolutamente distinto. ¿Qué tienen en común el caminar y el sentarse dentro de un auto? No tienen nada en común. En el auto, uno simplemente se sienta y no hace absolutamente nada. Uno no hace nada. Así que alguien puede decir. "Yo atravesé esta ruta sentado", y no está diciendo nada falso. Pero alguien que únicamente haya caminado por la ruta y que jamás haya conocido a nadie que la haya podido atravesar sentado, negará esa ruta. Él también tendría razón.

Incluso, una misma ruta puede ser utilizada de distintas formas. Por ejemplo, la conciencia. Gurdjieff la usa, pero la llama recordar, y el método es distinto. La ruta es la misma. La conciencia será utilizada, pero como recuerdo, no como cognición. ¿Cuál es la diferencia? Recordar significa que uno está en esta carretera, sólo hay que recordar que uno *está*. Detente por un momento, recuerde que *estás*. Mira a tu alrededor, recordando completamente que *estás*. No olvides ni por un solo momento que estás.

Pero nos olvidamos, jamás recordamos. Si yo te veo a ti, me olvido de mí mismo y te veo a ti. La conciencia se vuelve de una sola flecha, la otra flecha no está ahí. Gurdjieff dice que hay que hacer que haya dos flechas. Tú estás escuchando un discurso. El escuchar lo que dice la persona que habla, es la primera flecha, y si uno está consciente de sí mismo —del que escucha— esa es la segunda flecha. No te olvides de ti mismo cuando escuches, recuerda que estás escuchando. Alguien habla y tú escuchas; debe estar más allá de ambos y recordar. Hazte de doble flecha. La ruta es la misma, pero el método es distinto.

Krishnamurti dirá: "No recuerdes de esta manera, se convertirá en un esfuerzo tenso. Simplemente sé consciente de la totalidad. No elijas que tú estés aquí y aquel esté allá. No elijas. Simplemente permite que haya una conciencia inclusiva de todo. No la enfoques —conciencia sin enfoque". Yo hablo; tú estás sentado; el claxon está ahí; el auto está pasando... Las cosas son— y la conciencia no está enfocada. No hagas que tenga flechas, haz que no tenga enfoque. La ruta es la misma, pero el método es muy distinto.

YO SOY LA PUERTA

Tantra utilizó el mismo método, la misma ruta, de modo distinto. Era inimaginable. Ellos utilizaban sustancias intoxicantes —bhang, charas, ganja, vino—. Y el método era el siguiente: consume la sustancia y sé consciente. No pierdas cognición. Sigue consumiendo la sustancia, y sé consciente de que estás consciente. No pierdas conciencia. Hay métodos con base en los cuales ninguna sustancia tendrá efecto alguno, por lo cual utilizaban veneno de serpientes. La serpiente debía de morder la lengua. Y cuando la serpiente muerde la lengua y uno sigue estando consciente, sólo entonces se ha dado el salto —de otro modo, no—. La ruta es la misma, pero el método es muy distinto.

En esta práctica tántrica, si ninguna sustancia funciona y uno sigue estando consciente y se comporta de modo consciente, algo se ha cristalizado dentro de uno. Algo ha trascendido la química del cuerpo. De otro modo, la química lo afectaría a uno. La química está en alguna parte del cuerpo, funcionando, pero uno está tranquilo, no lo puede tocar.

Por lo tanto, hay tantas rutas, y cada una se puede utilizar con tantos métodos. Mi método no se preocupa directamente con ninguna ruta particular. Es como un vehículo que puede volar, nadar y andar por la carretera. Cualquiera que sea la necesidad de tu personalidad, dicha necesidad cambiará el método, la ruta. Se le puede llamar un multimétodo. Es indirecto, no puede ser directo. Yo te doy el método; tu cuerpo, tu ser, te dará la ruta. Y la energía despierta puede utilizar cualquier ruta: tántrica, budista, jainista, la de Gurdjieff, la sufí... puedes utilizar cualquier ruta. Y cuando digo esto, no se trata sólo de una hipótesis. Cuando lo digo, es porque lo he trabajado.

Gente que ha utilizado distintas rutas se ha acercado a mí. Cuando utiliza este método, comienza a ayudarlos en su ruta. Si alguien está trabajando con kundalini, se acerca a mí y trabaja con este método, le ayuda en su propia ruta. Él dice: "Este método es maravilloso; el método kundalini previo no estaba funcionando de modo tan intenso y preciso". Y éste no es en absoluto un método kundalini. Pero es flexible. El método hallará la ruta. Uno sólo debe de hacerlo, y todo lo demás lo hará el método mismo.

Y para el mundo que está por venir, como también para el mundo de hoy en día, sólo se pueden utilizar métodos con esta flexibilidad porque hay tantas personas de distintos tipos. En el mundo antiguo, no era el caso. En una región particular, existía un tipo de persona particular. Si había hindúes, sólo había hindúes, no había musulmanes. De hecho, ni siquiera sabía un grupo de la existencia del otro. Uno nunca se enteraba de las prácticas del otro, así que nunca se confundían. Eran de un solo tipo. Si eran budistas tibetanos, eran buditas tibetanos; no sabían de otra cosa. Todos eran educados con las mismas costumbres, todos se criaban dentro del mismo ambiente. Así que se necesitaba un solo método que funcionara.

Ahora eso es difícil. Las mentes están confundidas; de hecho, no hay un único tipo. Todos son multitipos. Hay tantas influencias, influencias contradictorias. Todas las religiones dicen: "No estudies las otras. No vayas con sus maestros". Eso no es simple dogmatismo. Parece que es dogmático, pero básicamente es sólo con el afán de proteger su tipo. Esto condujo a una confusión innecesaria. De no haber sido así, ningún método se utilizaría íntegramente —ni *esto* ni *aquello*—. Esto se hacía para que uno no se confundiera, pero ahora, eso es imposible.

Pero, ahora, todo el mundo está confundido, y no hay ayuda. Ahora, no puede haber un único tipo, y no se puede proteger a un tipo. Así que necesitamos nuevos métodos que no pertenecen a ningún tipo y que pueden ser utilizados por cualquier tipo. Así que este método es flexible. Yo no tengo una preocupación particular por kundalini, no tengo una preocupación particular por nada, sino que tengo una profunda preocupación por todo.

Uno utiliza este método y el método hallará la ruta —la ruta que puede ser trabajada dentro de uno—. Yo le dejo esto al método. El método la encuentra y la encuentra con más precisión de lo que lo puede hacer uno mismo. Pero este hallazgo es subconsciente. Simplemente lo coloca a uno en una situación, así como el fuego dentro de una casa. Uno está en una situación. Si uno puede correr, correrá. Si uno puede saltar, saltará. La situación está ahí y la situación lo empujará a uno hacia lo que le sea posible.

Y la mente subconsciente siempre elige la ruta de la menor resistencia. Esto es necesariamente la matemática, la economía interna de la mente. Uno jamás elige, de modo subconsciente, una ruta larga, sino que siempre elige la más corta. Sólo con la mente consciente es que uno comienza a elegir rutas que no llevan a nada o que son tanto más largas, que uno está muerto antes de llegar. Pero el subconsciente siempre elige la ruta más corta. Así que este método creará la situación y el subconsciente elegirá la ruta potencialmente adecuada para su tipo.

# Capítulo 6
# Los secretos de la explosión espiritual

——————— ❋ ———————

*Tú has dicho que cuando la máxima explosión espiritual le sucede a una persona, a su alrededor comienza un proceso de explosión espiritual que afecta a otros buscadores, a modo de reacción en cadena. Por favor dinos si alrededor tuyo ha comenzado una reacción en cadena de explosión espiritual. ¿Hay personas que hayan experimentado una explosión espiritual más elevada? ¿Hay personas físicamente cercanas a ti que vayan a explotar en un futuro muy cercano?*

Antes que nada, uno debe de comprender lo que se quiere decir por explosión espiritual. Hay muchas implicaciones. Por una parte, la explosión es algo para lo cual no se puede hacer nada de modo directo. Los esfuerzos son inútiles, no es algo que se pueda manejar. La explosión le sucede a uno. Uno no puede hacer nada positivo para hacer que la explosión suceda porque si la explosión la hace uno, no será en absoluto una explosión. *Uno* mismo quedaría y *uno* mismo continuaría. Incluso después de la explosión, *uno* mismo seguirá ahí. Si *uno* ha hecho algo para obtenerla, *uno* no explotará dentro de ella. Así que no es posible ningún esfuerzo en el sentido positivo para lograr la explosión; esto es lo primero, la implicación básica de la explosión.

La explosión significa una discontinuidad con el pasado. Lo viejo se ha ido completamente y ha venido lo nuevo. No hay continuidad entre los dos. Esto nuevo no está conectado con lo viejo. No hay ningún vínculo causal, no es causado por lo viejo. Si es causado por lo viejo, no hay explosión. En ese caso, hay continuidad, lo viejo continúa con una forma nueva. Puede ser que se gane algo, puede ser que uno añada algo a sí mismo. Pero uno sigue siendo el mismo, el ser central permanece igual. Sólo se ha añadido y acumulado algo en la periferia. El ego se fortalece, se hace más fuerte que antes; uno será más rico. Así que no hay explosión en la continuidad.

La explosión significa que lo viejo ha muerto completamente y que lo nuevo ha nacido. No hay ningún vínculo causal entre los dos. Hay un espacio vacío intermedio —un espacio irreparable, un abismo—. Entonces, se le puede llamar explosión. Esto es muy difícil de comprender. En nuestras vidas, todo es fácil de comprender, todo es causal. Todo nuestro pensamiento lógico está basado en la causalidad; todo está conectado, todo está relacionado y es parte de la continuidad de alguna otra cosa. Nada es nuevo, todo es sólo una modificación de lo viejo y, por lo tanto, puede ser comprendido. Esto es porque la mente es continuidad. La mente está llena de conocimiento acumulado, de memoria. La mente siempre puede comprender lo viejo pero lo nuevo le es incomprensible. Lo nuevo no puede ser comprendido por la mente. Y si la mente de uno intenta comprender lo nuevo, lo transformará a los términos del pasado. Le dará forma, le dará significado y lo clasificará. Si las cosas están conectadas con lo viejo, la mente está tranquila porque puede comprenderlas.

La explosión es algo que no puede ser comprendido por la mente. En realidad, en lo que es la explosión, la mente explota y es desechada completamente. Así que lo segundo que hay que entender es lo siguiente: uno no será capaz de comprender la explosión. Todo aquello que se pueda comprender no será explosión. Uno lo transformaría en algo viejo y conocido. Quizá tú pienses que hablo de esto como si se tratara de cualquier otra explosión, pero la explosión espiritual no se parece a ningún otro fenómeno.

Si explota una bomba, todo queda destruido. El viejo orden deja de ser y hay caos. Pero este caos es ocasionado por lo viejo; es una continuidad. Nada nuevo ha nacido. Todo este caos, todo este desorden, es sólo una continuidad del viejo orden. Es lo viejo en forma desordenada. Ninguna explosión material puede simbolizar la explosión espiritual o siquiera ser utilizada metafóricamente para referirse a la misma. La palabra proviene de un suceso material y tiene una connotación bastante engañosa. La explosión espiritual no significa que lo viejo esté en desorden, que lo viejo se haya vuelto caótico. La explosión espiritual significa que algo nuevo es creado, que algo nuevo ha nacido.

La explosión material es destructiva. La explosión espiritual es creativa. Pero si intentamos comprenderlo por medio de la analogía, no podremos conocerla. Algo nuevo, algo muy nuevo, nace. Uno no le puede dar un significado porque uno es lo viejo. Uno no lo puede crear. Uno sólo tiene que estar vacío. Sólo se le puede ayudar de modo negativo por medio de la ausencia propia, dejando de ser. Si uno está ausente, la explosión se dará. La cooperación sólo se requiere de forma negativa. Pero hacer algo positivo es fácil, mientras que hacer algo negativo es muy arduo.

Cooperar es fácil, no cooperar es fácil; pero cooperar de modo negativo es muy difícil. Cooperar de modo negativo significa no crear impedimentos. Y todos seguimos creando impedimentos para que no nazca lo nuevo. Siempre enfatizamos lo viejo, siempre nos adherimos a lo viejo, nos identificamos con lo viejo. Lo viejo es, en realidad, el "nosotros", el "yo". Cuando digo el "yo", me refiero al pasado en su totalidad. Entonces, ¿cómo puedo "yo" ayudar a lo nuevo? ¿Cómo puedo "yo" ayudar al futuro, siendo "yo" el pasado? Cuando se dice "yo", es todo el pasado en una sola palabra. Todo aquello que ahora está muerto, todo aquello que ahora debe de enterrarse, respalda a este "yo". Así que el "yo" se vuelve el impedimento, el único obstáculo, la única obstrucción ante el advenimiento de lo nuevo.

No se puede hacer nada con el "yo" de modo positivo, aunque de modo negativo, se puede hacer algo. Comprende que tú eres lo viejo y permite que este entendimiento vaya al fondo, que te penetre hasta la profundidad más recóndita. Vuélvete completamente consciente de que tú no puedes ayudar a que nazca lo nuevo. A menos que entre lo nuevo, no hay espiritualidad. A menos que lo nuevo explote, uno no renacerá, uno no estará en la dimensión de lo divino.

No es que "yo" haya de ser liberado; más bien se trata de que haya libertad del "yo", libertad de mí mismo. No es que yo haya de hacer algo, sino que no debo de hacer nada para que este fenómeno suceda. Pero seguimos haciendo una cosa u otra. Esto sale del "yo"; prolonga y continúa el "yo". Proyecta el "yo" hacia el futuro y así no puede haber explosión.

El pasado muerto que se acumula como polvo, sigue acumulándose en mi conciencia de espejo y la conciencia de espejo se pierde y sólo queda el polvo. Nos llegamos a identificar con el polvo. ¿Te puedes imaginar sin tu pasado? Si tu pasado completo fuera destruido, ¿dónde vivirías, qué harías entonces, quién serías? Si todo lo del pasado fuera eliminado, poco a poco, uno sentiría desintegrarse y desaparecer.

Cuando no hay pasado alguno, ¿quién es uno, dónde está uno? ¿Con qué, entonces, se identificaría? Si no hay pasado, uno sigue existiendo, pero no de la misma forma. En realidad, uno se sentirá diametralmente opuesto a aquello que fue. Si todo el pasado fuera eliminado, uno será simplemente una conciencia. Entonces, no se podrá ser un ego.

El ego es el cúmulo de eventos, el pasado. Si esto se elimina, uno será igual que un espejo, reflejando todo con una nueva identidad. Si uno se da cuenta que es el impedimento mismo, no tiene que hacer nada. Esta misma conciencia destruirá la vieja identidad. Y cuando la vieja identidad esté completamente destruida, cuando haya un espacio vacío entre el ser real de uno y sus recuerdos, cuando haya un espacio vacío entre uno mismo y su ego, entonces, es en ese espacio donde entra la explosión. Dentro de ese espacio ocurre la explosión.

Esta explosión no se puede comprender intelectualmente, de ninguna manera. Entre más uno trate de entender, menos entenderá. Así que no estés tenso con respecto a ello, simplemente relájate. Y no trates de comprenderme a mí, sino siente dentro de ti lo que estoy diciendo. Si digo que tú eres el pasado, no te limites a escuchar mis palabras y preguntarte si tengo o no razón. Sólo entra y siente lo que se está diciendo. Piensa en términos de hechos. Son hechos.

Entra y ve si tú eres el pasado, si lo que estoy diciendo es en verdad un hecho. ¿Acaso tienes tú algo que no sea el pasado? ¿Eres tú el pasado muerto, o hay algo viviendo dentro de ti que no sea parte del pasado? ¿Qué es? No lo puedes confinar a ti mismo porque el "yo" es el confinamiento. Como el pasado es limitado, se puede confinar. El pasado puede ser confinado, ya sucedió, es finito. Pero cuando uno se da cuenta de algo que está dentro de uno y que no es parte del pasado sino del aquí y el ahora, entonces, aunque todo el pasado sea destruido, eso aún quedará.

Si hay algo dentro de uno que no sería destruido a causa de la destrucción del pasado, sino que continuaría, se trata sólo de una conciencia de espejo —la conciencia pura—. Entonces, "yo" no estaré en ella, sino que será un espejo que refleja todo. Entonces, uno sentirá el espacio vacío entre el ego y uno mismo, sentirá el espacio. Y si uno pude permanecer en este entendimiento y en esta conciencia, se vuelve meditación. Si uno puede permanecer en este entendimiento y conciencia, en este espacio entre el ser real —la conciencia— y el pasado propio, el ser acumulado, el ego, se convierten sólo en una capa externa.

Se vuelve una línea fronteriza y en el centro está la conciencia pura. Permanece ahí. Será muy incómodo; será muy inconveniente y arduo porque nunca antes hemos permanecido así. Siempre corremos hacia la periferia, siempre nos identificamos con la periferia. Vivimos en la periferia y nunca en el centro. La periferia es el ego porque todos los eventos suceden en la periferia, en la circunferencia.

La circunferencia es el punto desde el cual uno está en contacto con los demás. Si yo amo a alguien, el suceso del amor se da en la periferia porque sólo mi periferia puede estar en contacto con la periferia de esa persona. Todo en este mundo sucede en la periferia, sobre la línea fronteriza. Así que siempre permanecemos en la línea fronteriza. Ese es el campo de actividad, pero el ser siempre está en el centro. Así que si uno puede permanecer en este vacío, en este espacio, y si puede ser uno mismo —no en la periferia, sino en el centro—... si uno puede darse cuenta que la periferia es el pasado muerto, una superficie, un cuerpo, el "yo" se pierde. No me refiero a este cuerpo físico. En realidad, el ego es el cuerpo.

Así que cuando hay este espacio no comprendido intelectualmente, no entendido de modo lógico, sino sentido de modo existencial, se volverá inconveniente. Uno se sentirá incómodo, como si estuviera muriendo porque siempre ha permanecido en la periferia; esa ha sido la vida de uno. Así que si uno vuelve al centro, sería lo mismo que morir porque la periferia se ha vuelto la vida. Uno no conoce otra vida. Uno sentirá que se hunde, que se muere, como de asfixia, y la mente dirá: "Vuelve a la periferia. La vida está ahí".

Pero en la periferia, no hay vida —sólo acción—. Sólo hay hacer, no ser. Es por eso que cuando se tiene que hacer nada, ese no hacer se vuelve tan difícil que uno no puede quedarse ahí, sino que comienza a hacer algo. Quizá lea un periódico, quizá encienda el radio, hará cualquier cosa. O si no hay nada que hacer, quizá se duerma. Pero permanecer en el no hacer es lo más difícil. No hay un solo momento en que se esté en el no hacer. Y el ser sólo se revela ante aquellos que pueden permanecer en el no hacer, aquellos que permanecen en el centro.

Eso es lo que significa la cooperación negativa —se requiere la cooperación con forma negativa—. Uno no ha de hacer algo; uno ha de permanecer en el no hacer. Y entonces, se da la explosión.

Simplemente le sucede a uno. Y cuando haya sucedido, uno siempre estará en el centro. No significa que uno será incapaz de hacer cualquier cosa. Uno será capaz de hacer pero la calidad de la acción será del todo distinta. Ahora, un nuevo tipo de amor será posible desde el centro, una actividad distinta será posible desde el centro. Ahora, el amor no será un acto, sino un estado de ser. No es que algunas veces se amará y otras no, sino que será la existencia misma de uno. Uno será amoroso y toda acción y toda relación tendrá una cualidad diferente, un significado diferente, una profundidad diferente. A través de esta explosión, uno no se identificará en absoluto con la mente, con el ego, con el cuerpo, con la periferia —no se identificará en absoluto.

La destrucción de la identificación es la explosión. Uno ya no será continuo porque cualquier continuidad está en la periferia. Esto no es algo continuo con la periferia, es un salto. Si uno sigue corriendo en la periferia, entonces, será una continuidad. Si se da de vueltas y vueltas en la periferia, se puede seguir corriendo toda la vida, pero cada paso estará atado al previo y cada paso conducirá al siguiente. Es un proceso que está ligado. Pero saltar de la periferia al centro no es una continuidad de lo viejo. No tiene continuidad —no es el paso siguiente y no está causado por el paso anterior—. Es completamente nuevo y no ha sido causado.

Esto se vuelve difícil de comprender porque en este mundo de sucesos y de eventos, nada existe sin una causa. Pero la física moderna se ha acercado más a este punto; la física moderna ha llegado a una situación paralela. El comportamiento de un electrón no es continuo. Así que toda la ciencia física, por motivo del comportamiento de los electrones, ha adquirido una nueva dimensión.

Previo a este siglo, la física era el sistema más firmemente basado en el método científico. Todo tenía una causa, todo era una continuidad y todo era seguro porque sólo hay certeza cuando existe un vínculo causal. Cuando las cosas pueden suceder sin causa, no hay certeza y, entonces, en realidad no hay leyes que se les puedan aplicar.

Hoy en día, toda la ciencia se está tambaleando porque no pueden decidir el comportamiento de un electrón. Se comporta sin causa alguna. A veces desaparece de un punto y reaparece en otro, sin continuidad alguna entre un lugar y otro. El electrón desaparece del punto A; aparece en el punto B. No ha sido un proceso continuo, no ha transitado. Esto se vuelve misterioso, pero yo lo asumo como una analogía.

Hay dos modos de pensar: uno es el modo lógico y el otro es analógico. El pensamiento lógico procede en secuencia: "Esto es así y, por lo tanto, tal cosa sucederá". La causa se determina, así que el efecto le seguirá. El proceso lógico es un proceso definitivo, seguro. Dadas ciertas premisas particulares, ciertos resultados particulares les seguirán de forma automática. No hay libertad alguna; en el pensamiento lógico, no hay libertad alguna. Todo es causado por el pasado, así que está dominado por el pasado. Si yo te doy cierta cantidad de veneno, tú morirás; tú no eres libre. Una cierta cantidad de veneno te causará la muerte. La muerte seguiría forzosamente; es una certeza, una continuidad, un vínculo causal.

El pensamiento analógico es muy distinto, del todo distinto. El pensamiento analógico es de cierto modo poético. Uno salta de una cosa a otra simplemente por medio de la analogía, mas no a través de secuencias lógicas. Por ejemplo, yo puedo amar a alguien y escribir un poema en el que digo: "Mi amada es igual que la luna". No existe ninguna conexión. No hay ningún vínculo causal entre la cara de mi amada y la luna. No hay relación alguna, sólo una analogía. He saltado de un punto a otro sin haber transitado en alguna secuencia. Es lo mismo que el comportamiento de un electrón.

Los poetas siempre se han comportado así, saltan de un punto a otro simplemente a través de la analogía. Puede incluso no haber ningún parecido obvio, pero si al poeta le parece que hay algún parecido, que algo tiene una resonancia, eso basta. Algo reverbera. Entonces, hay un salto, un salto analógico.

La totalidad de la literatura mística es analógica. Los místicos sólo le pueden dar a uno una analogía, y es por eso que hay tantas parábolas. Todas eran analógicas; Jesús hablaba de modo analógico, también Buda, todos. No dan razones lógicas ni argumentos. En realidad, Jesús jamás ha argumentado un punto. No hay argumento, sólo analogía.

Si uno tiene simpatía, sólo entonces puede comprender el pensamiento analógico. Si uno no tiene simpatía, no lo puede comprender porque la analogía no depende del razonamiento, sino de la actitud de simpatía y de la capacidad de continuar ese mismo proceso dentro de uno mismo.

Por lo tanto, asumo el comportamiento del electrón como una analogía; así es la explosión espiritual. Lo viejo simplemente se derrumba en la periferia. No hay ningún vínculo entre la periferia y el centro, no hay tránsito. Uno no transita de la periferia al centro. Si se transita, entonces habrá un vínculo con la periferia y el primer paso hacia el centro será tomado en la periferia, por lo cual necesariamente estará conectado con el paso anterior. Entonces, habrá un vínculo causal.

Uno está en la periferia y, de pronto, se halla en el centro. No hay tránsito de un lugar a otro. Eso es la explosión. Usaremos otra analogía, puesto que quizá tú no conozcas de física. Por ejemplo, tú duermes en Bombay y sueñas que estás en Londres. En la mañana, cuando el sueño ha terminado, ¿tendrás que viajar de regreso a Bombay desde Londres? De nuevo, tú sueñas que estás en Londres cuando duermes en Bombay. Alguien llega y te despierta, y tú estabas en Londres. ¿Te despertarás en Londres o en Bombay? Despertarás en Bombay. ¿Pero, cómo volviste? ¿Recorriste alguna distancia? Si hubieras recorrido una distancia, no te despertarías porque la distancia sólo puede ser recorrida en sueños. Si hubieras recorrido esa distancia, si hubieras tomado un avión, el avión sería parte del sueño. Si te despiertas simplemente, el sueño en Londres será descontinuado; tú despertarás en Bombay, y no habrás recorrido ninguna distancia.

Así que el despertar es algo nuevo. No es una continuación del sueño.

Entonces, la periferia es el sueño —el sueño del hacer, el sueño del ego—. Es por eso que en la India los místicos han dicho: "Esto es una ilusión". Ellos han dicho: "Esto es sólo un sueño; el mundo entero es únicamente un sueño". Y cuando Shankara y los otros han dicho que el mundo entero es un sueño, se trata de una analogía y no debe de malinterpretarse. Ha sido malinterpretado. Uno puede señalar el sinsentido de lo que dicen. ¿Acaso este mundo es un sueño? ¡Es tan real! Shankara, el filósofo místico de la India, también lo sabía. En realidad, esto es real. Pero él está hablando de modo analógico.

"El mundo es un sueño". Cuando esto se dice, no significa que el mundo sea, en efecto, un sueño. Sólo significa que, si uno despierta en él, la conciencia anterior será descontinuada. No hallará conexión alguna, relación alguna. Uno sólo estará confundido por el hecho de que estuvo en Londres y luego volvió.

Pero nadie está verdaderamente confundido. Al salir del sueño, uno nunca está confundido. ¿Está uno confundido? Simplemente dice: "¡Ah! Fue un sueño", y se cierra el capítulo. Nunca le damos mayor importancia. Lo mismo sucede cuando se da la explosión. Uno sabe: "¡Ah! La entidad del sueño se ha disuelto. Era un sueño y ahora estoy en el centro". Uno nunca se pregunta: "¿Cómo? ¿Cómo es que estaba en la periferia y que ahora he vuelto al centro? ¿Cómo viajé?"

La gente le preguntaba a Buda: "¿Cómo fue que se iluminó?" La pregunta es absurda. Es lo mismo que preguntarle a alguien cómo salió de un sueño. ¿Cuál es el método? ¿Cuál es la técnica? ¿Cómo se puede practicar el salir de un sueño? El sueño simplemente se rompe, pero el sueño tiene sus propias maneras de romperse. A veces el sueño se convierte en una pesadilla, se vuelve insoportable. Entonces, el hecho de que sea insoportable, la angustia que provoca, hace que se rompa.

Entonces, si la vida en la periferia se ha convertido en una pesadilla, si la vida tal y como la vivimos se ha vuelto un infierno, todo esto nos sacará del sueño. Pero al salir del sueño, uno sabrá que no ha sido causado, que no se trata de una continuidad. Es por eso que le llamamos explosión. Algo nuevo sucede en ella, algo totalmente nuevo. No puede ser comprendido en términos de lo viejo.

Entonces, ¿qué puede hacer uno de modo negativo? Se pueden hacer al menos tres cosas de modo negativo. Uno, sé consciente —incluso si sólo puedes ser consciente por un único instante—. Se consciente de que te has identificado con un pasado que no es tu ser. El ser está en el presente, aquí y ahora, y uno se identifica con algo que no es del aquí ni del ahora. Sé consciente de esto. Permite que esta conciencia llegue a ti de repente, en cualquier lugar. Tú estás caminando por la calle —detente por un momento y sé consciente de pronto—. En cualquier parte, en cualquier situación, detente por un momento y date cuenta de dónde estás: ¿en la periferia o en el centro? ¿Te identificas con la memoria o no te identificas con la memoria? En el principio, puede que esto suceda sólo por un momento, o ni siquiera por un momento. Lo sentirás y, al tiempo, ya se habrá ido. Habrá sólo un atisbo que durará parte de un momento. Lo sentirás y ya se habrá ido. Pero ese atisbo se profundizará y habrá un nuevo movimiento de la periferia hacia el centro —un movimiento como el de un electrón— un salto, un brinco de un punto a otro. La situación se profundizará.

Permanece consciente lo más posible y utiliza toda situación. Por ejemplo, en la respiración, hay un momento en que el aire ha salido y no ha entrado. Hay un espacio vacío —un espacio intermedio muy pequeño, diminuto. Uno no está aspirando ni espirando. Sé consciente de ese espacio. Quédate ahí a lo largo de un solo momento; sentirás el centro y estarás lejos de la periferia. Estarás fuera del sueño.

Estás a punto de dormirte. Sé consciente de que el sueño está entrando, que está descendiendo sobre ti; tú te estás hundiendo en él. Hay un momento en que no se está ni dormido ni despierto. La mente está cambiando de dimensión. Por un único momento, ni se duerme ni se está despierto. Sé consciente de ello y quédate en ese espacio y serás lanzado hacia el centro. Estarás fuera de la periferia.

En la mañana, estás volviendo de un estado de sueño. Siente el momento en que aún no has despertado, pero en que el sueño se ha ido. Siempre hay un momento. Cuando la mente cambia de un estado a otro, hay un espacio. En todo hay un espacio porque sin el espacio, el cambio es imposible; y en ese espacio, uno nunca está en la periferia. Ese espacio no es continuo con la periferia. Debes de comprender lo que le estoy diciendo exactamente. Ningún espacio vacío está en la periferia; todo espacio vacío está en el centro.

La única continuidad está en la periferia —un evento que sucede, otro evento que sucede—. Y en el intermedio, en el espacio vacío, siempre está el centro. Uno siempre vuelve al centro y, al momento siguiente, vuelve a la periferia. Pero este suceso es tan veloz, es de cierto modo tan intemporal, que normalmente uno no está consciente de él. Pero si uno se vuelve consciente, atento, alerta y cuidadoso, poco a poco tendrá atisbos.

Uno ama a alguien y el amor se ha ido pero el odio aún no se ha instalado. Hay un momento. El amor sucede en la periferia, el odio sucede en la periferia, pero el espacio vacío entre estas dos cosas, siempre sucede en el centro. Entonces, cuando uno ama, está en la periferia; cuando odia, está en la periferia. Pero cuando uno cambia del amor al odio, o del odio al amor, no está en la periferia. El espacio vacío siempre está en el centro. Uno es lanzado hacia atrás. Uno no puede cambiar la periferia porque en la periferia uno sólo está haciendo. El ser está en el centro. Uno debe de volver para cambiar, pero este ir y venir es tan veloz, es tan intemporalmente veloz, que normalmente uno no se da cuenta de él.

Mantente alerta con respecto a cualquier cambio. Uno ha estado enfermo y ahora, la enfermedad se ha ido, pero la salud aún no se instala. Mantente consciente —tú estarás en el centro. Ningún cambio es posible en la periferia misma. Es por eso que a todos nos hace falta el sueño porque, en el sueño, sucede un gran cambio. Si uno no puede dormir profundamente, no podrá vivir porque la vida necesita de ciertos cambios todos los días. Todos los días, mucho tiene que cambiar en el cuerpo, en la mente, en las emociones. Hay muchos cambios todos los días. Así que la naturaleza tiene su forma de hacer que uno esté inconsciente, puesto que, conscientemente, uno no permanecerá en el centro durante mucho tiempo. Uno es arrojado al inconsciente para que no esté en la periferia, para que no corra hacia la periferia. Uno está dormido, está inconsciente. Así que uno está en el centro y acomoda en el ser.

Pero incluso cuando uno está despierto, hay cambios. Como analogía, uno cambia las velocidades de su auto. Durante un momento muy corto, uno pone el auto en neutro. Siempre es a través de la posición en neutro que uno cambia de velocidad. Neutro significa sin velocidad. Si uno cambia de primera a segunda velocidad, no se puede hacer el cambio de modo directo. Primero debe de colocarse la palanca en neutro para luego poder cambiar de velocidad. Entre más experto se vuelva uno, menos tiempo tarda en hacer ese cambio. En realidad, un automovilista experto ya no se da cuenta que cada vez que cambia de velocidad, pasa por neutro. Las velocidades se cambian de modo tan fluido que el automovilista no tiene necesidad de estar consciente de ello. Sólo aquel que está aprendiendo está consciente, nadie más está consciente. Y lo neutro es siempre lo difícil del aprendizaje. Siempre que uno cambia de una acción a otra, vuelve al estado neutro, al centro. Así que mantente alerta.

Alguien te ha insultado y ahora cambiarás, no puedes permanecer igual. Tendrás que cambiar en la periferia. La misma cara se ha tornado irrelevante, tendrás que cambiar tu cara completa. Ahora, date cuenta de lo que sucede adentro. Tendrás que ir al centro, luego volver a la periferia, y entonces podrás cambiar de cara. Así que cuando alguien te insulte, medita en tu interior. Entra. Aquel que te ha insultado te ha dado un punto de cambio.

Tantra ha utilizado sustancias intoxicantes para hacer que el buscador se dé cuenta de los estados de conciencia cambiantes. Seguirán dándole sustancias a uno y el maestro dirá: "Sé consciente del espacio vacío". Hasta ese momento, uno estaba consciente y ahora pierde conciencia. Entonces, date cuenta del momento en que se cambia de la conciencia a la inconciencia. Uno siempre está cambiando y si uno se da cuenta de estos momentos de cambio, se dará cuenta del centro.

Un maestro Zen lo arrojará a uno por la ventana y gritará: "¡Sé consciente!" Uno ha sido arrojado, está en medio, está apenas atravesando la ventana y está a punto de dar con el suelo. Él grita: "¡Sé consciente!" Uno ha caído al suelo y su cara debe de cambiar. Ahora, la situación es muy distinta. Uno había ido a hacer alguna pregunta metafísica y el maestro ha hecho algo completamente no metafísico. Lo ha arrojado a uno por la ventana; uno preguntaba si Dios es o no es...

Es absolutamente irrelevante arrojarlo a uno por la ventana. Pero él dice: "¡Sé consciente!" en el momento preciso en que uno estará cambiando de cara, cambiando de estado. Cuando uno está atravesando la ventana, no es sólo el cuerpo el que experimenta un cambio, el estado de conciencia también experimentará un cambio. Y un maestro sabe exactamente en qué momento cambia. En ese momento preciso, el gritará: "¡Sé consciente!" Y si uno lo puede escuchar en ese momento, estará en el centro —arrojado de la periferia.

Cuando sea que haya una situación de cambio, mira hacia dentro con cuidado. No hay tránsito. Sólo hay un salto de la periferia al centro y del centro a la periferia. Y el comportamiento es como el de un electrón, o como el de los sueños. Profundiza en esta conciencia. Eso es todo lo que uno puede hacer. Esto es negativo porque la conciencia no es un hacer, la conciencia no es un acto.

Cuando sea que te encuentres en un estado de cambio, sé consciente y no habrá acción. La acción será suspendida cuando uno esté consciente. Si se está consciente, ni siquiera habrá respiración. Si yo te acercara una daga al cuello, incluso la respiración se detendría. Tú te harías tan consciente, que todo cesaría. Serás lanzado al centro. La conciencia no es una acción. La adicción con la acción es sólo para escapar de la conciencia, y todos nos hemos vuelto adictos —uno debe hacer algo—. Esta adicción ayuda a la continuidad.

Utiliza cualquier oportunidad para estar alerta, cualquier oportunidad. Y cada día hay miles y miles de oportunidades. Mantente alerta y sentirás el salto de la periferia al centro. Estar en el centro puede volverse fácil. Tú estás afuera de la casa; el clima se ha vuelto caluroso. Entra, simplemente. Cuando sea que tengas deseos de entrar, puedes entrar. Cuando sea que sientas deseos de salir, puedes salir. No hay ninguna dificultad. Cuando este movimiento de la periferia al centro se haya vuelto así, de este modo, experimentarás la explosión.

Uso la palabra 'entonces'; uso la palabra 'lentamente'; digo 'gradualmente'; digo 'poco a poco'; estas palabras son todas irrelevantes. Pero porque no puedo hacer otra cosa, tengo que usar estas palabras. Son irrelevantes en lo que respecta a la explosión. Nunca es gradual, nunca es lenta, nunca es poco a poco. Es súbita. Pero tú no podrías entenderlo. Así que, para entendimiento tuyo, o si lo prefieres, para tu malentendimiento, utilizo estas palabras.

Todo el patrón del lenguaje está hecho para la periferia. Nada más se puede hacer. El lenguaje está creado por mentes que están en la periferia. Es una necesidad de la periferia y no del centro. El centro es absolutamente silencioso, no hace falta ningún lenguaje. Así que tenemos que interpretar al centro en el lenguaje de la periferia, entonces, esto tiene que ocurrir forzosamente.

No me malentiendas cuando digo 'de modo gradual'. Nunca quiero decir de modo gradual, propiamente. La explosión nunca llegará poco a poco. Estas palabras son sólo para confianza tuya, para que puedas anhelar, para que pueda ser concebible para ti, para que algo se pueda entender desde la periferia. Es lo mismo que estar hablando del mundo de la conciencia despierta con alguien que está en un sueño.

Uno tiene que utilizar el lenguaje del sueño, el cual es absurdo. Cualquier lenguaje es absurdo. Cualquier expresión es de cierto modo absurda, pero no se puede hacer nada al respecto. Uno se siente completamente impotente y la impotencia es enorme.

Uno sabe algo. Por ejemplo, yo sé lo que se quiere decir con explosión, sé lo que se quiere decir con estar en el centro. Pero no te lo puedo decir. Tú me preguntas; yo te digo algo, y sé todo el rato que no te puedo decir. Y sé lo que significa explosión, lo que significa estar en el centro. En el momento en que comienzo a hablar, comienzo a utilizar el lenguaje de la periferia. En el momento en que el lenguaje de la periferia se utiliza, todo se distorsiona. Así que comprende estas implicaciones.

Tú me preguntas acerca de las explosiones en cadena. Cuando hay una explosión, muchas cosas comienzan a suceder. Porque el fenómeno es tan grande que cuando un individuo lo experimenta, donde sea que éste se encuentre, no puede evitar ser contagioso. Quizá no lo desee, pero esto comienza a suceder. El hecho de que él esté en el centro empujará a cualquiera que esté cerca de él, hacia el centro. Y por eso muchas veces la gente comienza a sentir repulsión hacia él.

Por ejemplo, Gurdjieff era repulsivo para mucha gente. Muchos simplemente querían huir de él porque al estar cerca de él, estaban siendo empujados sin saberlo. Muchas buscadoras huyeron de Gurdjieff porque sentían que habían sido golpeadas en el centro sexual, simplemente al estar cerca de él. Sentían que él les hacía algo. Él no les hacía nada, pero porque el único centro que está trabajando es el centro sexual, el primer golpe siempre se siente ahí. Si se le acercaban hombres a Gurdjieff, no lo sentían tanto. Pero las mujeres lo sentían. Esto es porque el cuerpo físico de un hombre tiene bioelectricidad positiva, mientras que el cuerpo físico de una mujer tiene bioelectricidad negativa, por lo cual los sexos opuestos se atraen. El hombre iluminado irradia una tremenda cantidad de energía para buscadoras. Y ambas cosas sucederán: las buscadoras se sentirán atraídas a una persona como Gurdjieff y, al mismo tiempo, sentirán repulsión. El golpe interior se sentirá de tantas maneras y cada persona lo sentirá de su propio modo.

En Occidente, se sintió de modo muy profundo por varias razones. Una es que faltaban los preliminares. En la India, el buscador debe tocar los pies del gurú. Puede parecer innecesario, puede parecer convencional, pero hay secretos. Si uno simplemente se inclina frente a un maestro, simplemente le toca los pies, el centro sexual propio no será golpeado por la presencia del maestro porque, en el momento en que uno se rinde, la energía del maestro se hará sentir en todo el cuerpo. Un cuerpo rendido se convierte en un todo. Quizá tú no lo hayas sentido, pero ahora que te lo digo, lo sentirás y lo sabrás.

En la India, la forma de tocar los pies es recostando el cuerpo entero sobre la tierra. Todas las partes del cuerpo deben tocar la tierra. Nosotros le llamamos *sashtang*. Significa que todas las partes del cuerpo tocan la tierra cuando uno está recostado sobre ella. Muchas cosas científicas comienzan a suceder. El cuerpo se vuelve uno sólo y el impacto vibra en todo el cuerpo y no en un solo centro. No penetra un centro particular, sino todo el cuerpo. Uno está horizontal y el impacto lo atraviesa a uno desde la cabeza hacia las piernas. Si uno está vertical, parado, el mismo impacto lo atraviesa, pero no puede recorrer todo el cuerpo; no puede pasar a través de las piernas. La única parte sensible de uno es el centro sexual, así que pasa a través del centro sexual. Si uno está parado a un lado de un maestro que está en el centro, el impacto, las vibraciones de aquél atravesarán el centro de uno. El maestro puede volverse repulsivo o puede volverse atractivo. En cualquiera de los dos casos, habrá dificultades. Si uno está recostado, el flujo pasa a través de uno, lo toca, fluye dentro de uno, de un extremo a otro. Y tiene un efecto tranquilizador.

En la India, donde se desarrolló esta ciencia interna, tardó siglos en desarrollarse. Y lo que se sabe es sólo por medio de muchas experiencias porque no se puede experimentar con el hombre como si fuera un chancho. Tardaron siglos en saber estas cosas —por medio de las experiencias y los sucesos, únicamente—. Una condición básica que establecieron fue que se debe comenzar con la confianza. Si uno tiene fe, se vuelve abierto. Si uno duda, está cerrado. Si uno está cerrado, esa misma energía que lo pudo haber ayudado para llegar a la explosión, sólo dará de vueltas. No puede penetrar en uno puesto que uno está cerrado. No será posible que lo ayuden a uno. Si uno está abierto y tiene confianza, lo penetra profundamente. La explosión se vuelve una explosión en cadena. Y esto puede suceder, esto siempre sucede. Así que una actitud de confianza genera grandes cadenas de explosión.

A veces la explosión en cadena sigue de modo continuo, incluso cuando el maestro original ha muerto. Por ejemplo, en la tradición de los sikhs, el décimo gurú es el último. Hasta el décimo, los gurús continuaban, uno era seguido de otro. Pero con el décimo, la tradición cesaba y se rompía. ¿Cuál era la razón? ¿Por qué detuvo la cadena Govind Singh? Fue continua desde Nanak hasta Govind Singh. Era una fuerza viva, pero con Govind Singh se detuvo. No podía ser otorgada ni transferida, puesto que nadie era capaz. Nadie estaba abierto para recibirla completamente, totalmente, y no puede ser otorgada parcialmente. O se está completamente abierto, o no.

La confianza parcial no es confianza. Es sólo decepción. No es que uno crea en un noventa y nueve por ciento, incluso el noventa y nueve por ciento no basta. Y ese uno por ciento de duda será suficiente para matarlo todo, porque esa duda del uno por ciento hará que uno esté cerrado. Si se confía abiertamente, hay una reacción en cadena; entonces, uno entra completamente en el contacto. Entonces, el contacto no es únicamente un contacto, sino que se vuelve parte del ser mismo.

Si tú estás abierto, no significa que estés tomando algo de mí. No hay un "yo" como tal. No es que tú estés tomando algo de otra persona, sino que tú mismo estás reflejado en tu propio ser. Sólo parece que estamos separados, debido al ego. Si uno está abierto, la cadena puede continuar durante siglos. Por ejemplo, la cadena de Buda continúa aún. Por supuesto que hoy en día no es tan amplia; se ha convertido en una corriente muy estrecha, pero continúa.

Cuando Bodhidharma viajó a China desde la India, no era para enseñarle a alguien o para divulgar el mensaje de Buda entre los chinos y entre otros. Sólo era para buscar a un hombre a quien se le pudiera otorgar la explosión, alguien tan abierto que Bodhidharma pudiera transferirle todo antes de morir. Así que permaneció sentado en China durante nueve años, continuamente de cara a una pared. Si tú te le hubieras acercado, ni siquiera te hubiera volteado a ver. Estaba de espaldas a todos sus visitantes. Tantas personas preguntaron: "¿Qué es esto? ¿Por qué permanece sentado de esa manera?" Bodhidharma decía: "He estado de cara a las personas durante muchos años pero nunca he encontrado en sus rostros más que una pared. Nadie es receptivo, todos son como una pared. Así que ahora no importa. Cuando se acerque a mí, no como una pared, entonces le daré la cara, entonces lo miraré".

Durante nueve años seguidos, no llegó alguien capaz, alguien a quien Bodhidharma le pudiera dar la cara. Entonces, llegó Hui Neng. Llegó, se paró detrás de Bodhidharma, se cortó una mano y se la dio a Bodhidharma, a quien le dijo: "Ahora, voltéese, o me corto la cabeza". Bodhidharma le dio la cara a Hui Neng y dijo: "Ahora el hombre ha llegado. Para usted he viajado por todos los Himalayas". Y hubo una transmisión sin escrituras.

Con Bodhidharma no había escrituras, así que dicen que la transmisión fue sin escrituras. Simplemente miró a los ojos de Hui Neng y hubo transmisión, así como el salto de un punto a otro sin tránsito intermedio.

Esto también debe de ser entendido. La cadena de explosiones es un salto. Cuando algo de mi conciencia entra en la tuya, es un salto. Estaba aquí y ahora, está allá y nunca estuvo en medio. No hay ningún proceso. Si tú eres receptivo, si estás abierto, la flama que está aquí se hallará allá de modo instantáneo. No habrá una pausa de tiempo. La cadena puede continuar para siempre, pero nunca sucede así. Es muy difícil porque incluso con un maestro vivo, es difícil estar abierto.

La mente trata de todas las formas posibles, de estar cerrada porque el que esté abierta significa su muerte. Para la mente, es la muerte. Así que tratará. Discutirá, hallará muchas razones para estar cerrada. Hallará motivos muy absurdos. En otros momentos, más adelante, uno no podrá creer que estas cosas pudieron haberlo hecho dudar, que estas cosas insignificantes lo hicieron escéptico. Estas cosas que no tienen significado alguno, crean todas las barreras. Y si uno no está abierto, la cadena, la transmisión, no es posible.

Toda la meditación, todo mi énfasis sobre la meditación, es para que uno esté abierto. En cualquier momento cuando uno esté abierto, habrá transmisión.

A diario suceden explosiones menores. Sólo son atisbos del centro. Pero ese atisbo no basta. Puede ayudar, pero uno no debe quedar satisfecho con eso. Normalmente, nos satisfacemos con eso. Hay un atisbo y uno queda satisfecho. Uno hace de este atisbo un tesoro y lo sigue recordando. Cuando el atisbo cambia del centro a la periferia, se convierte en una memoria. Entonces uno la alimenta, uno la recuerda, uno se siente jubiloso ante ese recuerdo. Entonces uno siempre se pregunta cuándo volverá a suceder. Entonces se ha convertido en parte de la periferia, en parte de la memoria, es inútil.

Las explosiones menores pueden ser incluso fatales si se alimentan como recuerdos. Deséchalas, olvídalas. No pidas que se repitan. Sólo entonces será posible la explosión mayor. Sólo entonces será posible la explosión total.

Hay explosiones menores, pero nunca les presto atención. Y tú tampoco debes de prestarles atención porque, de hacerlo, sólo se convertirán en parte de la memoria. No son capaces de destruir a la memoria sino, muy por lo contrario, la fortalecen. Una experiencia pequeña, una experiencia trivial, no basta. Deséchala. No estés satisfecho a menos que se logre lo total.

No quedes satisfecho antes de que suceda la explosión máxima. Permanece insatisfecho. Nunca recuerdes nada de lo que ha sucedido. Ninguna experiencia debe de ser acumulada y nutrida. Conforme vaya sucediendo, deséchala, olvídala, sigue adelante. A menos que se de la explosión total... nada menos que eso bastará, así que no le prestes atención a otra cosa.

Las cosas han sucedido, las cosas están sucediendo, pero nunca hablo de explosiones menores. Si alguien llega conmigo y me dice que ha tenido una explosión menor, simplemente intentaré desecharla. No debe de ser recordada, será una barrera. Continúa yendo hacia el centro hasta que llegue el momento en que no hay marcha atrás. Cuando llega ese momento, nunca es parte de un recuerdo. Uno sólo recuerda las cosas que se han perdido. No es necesario recordar aquello que siempre está con uno.

En realidad, uno se da cuenta sólo cuando la experiencia se ha perdido. Si uno dice: "Te amo mucho", debe darse cuenta de que existe toda posibilidad de que el amor está por terminar. Quizá se haya ido ya. Sólo es un ego del pasado. Por eso uno enfatiza: "Te amo mucho". "Mucho" es un esfuerzo para llenar el vacío y sí hay un vacío. El amor se ha ido. Cuando el amor existe, uno lo siente y lo vive y el silencio es suficiente. Cuando se ha ido, uno habla de él. Entonces, el silencio no basta porque en el silencio, el amor muerto estará expuesto. En el silencio, uno no puede esconder que el amor está muerto. Entonces, uno comienza a hablar de él. Normalmente no hablamos para decir cosas. Hablamos para esconder cosas. En el silencio, uno no lo puede esconder con palabras.

Cuando te des cuenta de una explosión menor, no alimentes el recuerdo y no anheles que se repita. Se ha ido, se ha vuelto parte del pasado muerto. Deséchala. Deja que lo muerto quede enterrado y sigue adelante. Y cuando suceda la explosión grande, la explosión máxima, no la recordarás. No hará falta que la recuerdes, estará contigo. Será tu centro. Será tu ser, no te será posible olvidarla. El recordar o el olvidar no tendrá sentido alguno. Y a menos que suceda lo grande, lo menor no tiene importancia.

También me pregunto si la gente a mi alrededor está experimentando una explosión. Sí, van hacia allá. Si no están yendo hacia allá, no pueden permanecer conmigo durante mucho tiempo, no pueden continuar. Cuando alguien incapaz llega conmigo, o se va por sí solo, o genero situaciones a raíz de las cuales se irá. Con estas personas, nada se puede hacer. Pero aquellos que permanecen conmigo, siguen conmigo. Permito que lo hagan sólo si están yendo hacia la explosión, si su comprensión se está profundizando, si se están volviendo más alertas y conscientes. Por supuesto que el camino es arduo y hay muchas dificultades. Uno avanza un paso y retrocede dos; sucede a diario. El camino no es recto; es cruzado. Y no está en un plano; es como si estuviera en una senda montañosa. Así que muchas veces uno vuelve al mismo punto, sólo que en un nivel un poco más elevado.

Yo sólo permito que estén cerca de mí aquellos en quienes veo posibilidades, potencial. De no ser así, genero situaciones en las que se van por sí solos. Es muy fácil generar una situación para que alguien se vaya. Es muy difícil generar una situación para que alguien se quede. Todos están listos para irse porque el llegar al centro es la única aventura ardua. Y conmigo siempre estarán en una lucha. Conmigo no pueden existir en la periferia. Sus mentes intentarán, de todas las formas posibles, estar en la periferia, pero sólo se pueden quedar conmigo si están avanzando hacia el centro.

Cuando tú estás conmigo, sigues estando en la periferia y yo sigo estando en el centro. Todo el proceso es igual que la lucha interna en cada uno de ustedes. Su ser permanece en el centro y su ego permanece en la periferia. Hay tensión y lucha. Pero el estar conmigo ayuda de muchas formas. Si puedes seguir estando conmigo durante un buen tiempo, podrás permanecer con tu ser, con tu centro, más fácilmente. Este fenómeno es igual al que se da dentro de cada individuo; no hay ninguna diferencia.

Cuando yo hablo contigo, te hablo como si yo fuera tu centro. Cuando tú estás conmigo, es como estar con tu centro. Y cuando llegue el día en que explote hacia el centro, sabrás. Antes de eso, no puedes saber, antes de eso, tendrás que confiar en mí.

Cuando llegues a tu centro, sabrás que no has vivido conmigo antes de eso, sino que sólo has vivido en el reflejo de tu centro. Eso sólo llega después, cuando lo experimentes. Pero sucederá. Todo el mundo es potencialmente capaz. Si alguien se obstaculiza, eso ya es otro asunto. Pero si uno no se obstaculiza, si uno no es su propio enemigo, es tan capaz como cualquier Buda, y la cosa sucederá.

# Capítulo 7

# Los misterios ocultos de la iniciación
❊

*¿Qué significa estar iniciado en la vida espiritual?*

El hombre existe como en un sueño. El hombre está dormido. A lo que se le conoce como estar despierto, también es un sueño. La iniciación significa estar en contacto íntimo con alguien que está despierto. A menos que uno esté en contacto íntimo con alguien que está despierto, es imposible salir del sueño porque la mente es capaz incluso de soñar que está fuera del sueño. La mente puede soñar que ahora ya no hay más sueño y, en cualquier sueño, uno puede no saber que se trata de un sueño. Sólo se puede saber que ha sido un sueño cuando uno sale de él.

Nunca se puede saber que se sueña en el momento en que uno lo hace. Uno se da cuenta cuando el sueño se ha ido, cuando ha pasado. Nadie puede decir: "Esto es un sueño". No se puede utilizar el verbo en tiempo presente para referirse a un sueño. Uno siempre dice que esto *fue* un sueño porque, en un sueño, el sueño mismo parece real. Si un sueño no parece real, será roto. Sólo se puede crear un sueño cuando hay la apariencia de realidad.

Cuando digo que el hombre está dormido, se ha de entender lo siguiente. Estamos soñando continuamente, veinticuatro horas al día. En la noche, nos cerramos ante el mundo exterior y soñamos interiormente. De día, nuestros sentidos están abiertos al mundo exterior, pero el sueño interno continúa. Cierra tus ojos por un momento y puedes estar en un sueño de nuevo. Es una continuidad interna. Uno está al tanto del mundo exterior, pero esa conciencia no está sin la mente que sueña. Está sobrepuesto en la mente que sueña pero, adentro, el sueño sigue. Es por eso que no estamos viendo lo que es real incluso cuando estamos supuestamente despiertos. Imponemos nuestros sueños en la realidad. Nunca vemos lo que realmente es, sino que vemos nuestras proyecciones.

Si yo te miro a ti y hay un sueño dentro de mí, tú te convertirás en objeto de mi proyección. Proyectaré mi sueño sobre ti y lo que yo entienda en torno a ti estará mezclado con mi sueño, con mi proyección. Cuando yo te amo, tú me pareces de una manera. Cuando no te amo, me pareces completamente diferente. No eres el mismo, yo te he utilizado meramente como una pantalla y he proyectado mi sueño sobre ti. Cuando te amo, el sueño es diferente, así que tú pareces diferente. Cuando no te amo, tú eres el mismo, la pantalla es la misma, pero la proyección es distinta. Ahora te estoy utilizando como pantalla para otro sueño. De nuevo, el sueño puede cambiar. De nuevo, puedo amarte y entonces volverás a parecerme distinto. Nunca vemos lo que es. Siempre estamos viendo nuestro propio sueño proyectado sobre lo que es.

Así que la mente que sueña genera un mundo a su alrededor que no es real. Eso es a lo que nos referimos con el término *maya*: ilusión. Por ilusión no me refiero a que el mundo no sea, que el ruido de la calle no sea. Es sólo como es. Nunca lo podemos saber a menos que la mente que sueña se detenga adentro. Para uno, ese ruido puede ser música, mientras que para otro, no es más que una molestia. En algún momento, puede que uno no esté atento al ruido, en otro, estará atento. A momentos, uno lo tolerará mientras que, en otros, ese mismo ruido se volverá intolerable, insoportable. El ruido es el mismo, la calle es la misma, el tráfico es el mismo, pero la mente que sueña, cambia.

Con la mente que sueña, todo lo que está alrededor de uno adquiere colores nuevos. Cuando decimos que el mundo es ilusión, maya, no quiere decir que el mundo no sea; el mundo es. Pero la forma en que lo vemos es una ilusión. No se encuentra en ninguna parte. Así que cuando alguien despierta, no es que su mundo desaparezca, sino que el mundo que era conocido para él previo a su despertar, desaparece completamente. Un mundo del todo nuevo, un mundo objetivo, aparece en su lugar. Todos los colores que uno mismo le había conferido, todas las formas, todos los significados e interpretaciones que le había conferido según su mente que sueña, dejan de ser.

En lo que respecta a este mundo de maya, este mundo de ilusión, este mundo de proyección, nunca vivimos en el mismo mundo. Cada hombre vive en su propio mundo y hay tantos mundos como hay personas que sueñan. Yo no soy el mismo para cada uno de ustedes. Cada quien proyecta algo sobre mí. En lo que respecta a mí, yo soy uno. Pero yo mismo estoy soñando, por lo cual, incluso para mí mismo, soy distinto a cada momento. A cada momento mi interpretación será distinta. Si despierto, entonces soy el mismo.

Buda dice en alguna parte que la prueba para el hombre iluminado es que siempre es el mismo, igual que el agua del mar. En cualquier parte, por todas partes, es salada. Si yo experimento un despertar, para mí mismo soy el mismo —no sólo en esta vida, sino que he sido el mismo en todas las vidas que han pasado. He sido el mismo a lo largo de toda la eternidad. El yo verdadero ha permanecido igual. No es cambiante, lo que cambia es la proyección. La pantalla es la misma, la película cambia, la cinta cambia. Pero la pantalla jamás es vista. Uno ve la cinta proyectada sobre ella. Cuando no hay ninguna proyección, entonces se ve la pantalla pero, de otro modo, nuca se ve la pantalla. Y la pantalla es la misma. La película cambia y tú ves un cambio en mí. Si yo despierto, seré el mismo para mí mismo, pero tú me verás de muchas formas distintas porque te acercarás a mí con tu mente que sueña, misma que proyectará. Puedo parecerle un amigo a alguien, mientras que, para otro, puedo parecer un enemigo. Aquel se proyectará. Creamos un mundo alrededor nuestro y cada quien vive en su propio mundo.

Es por eso que hay un choque; los mundos chocan, el tuyo y el mío. Por lo tanto, cuando dos personas comienzan a vivir juntos en un mismo cuarto, hay dos mundos viviendo ahí y el choque es inevitable. No sólo hay dos personas viviendo en ese cuarto, dado que el cuarto tiene el espacio suficiente para albergar a dos personas, sino que el cuarto no tiene espacio suficiente para albergar a dos mundos. Siempre que hay dos personas en un mismo cuarto, hay dos mundos.

Todo el conflicto de la sociedad humana, de las relaciones humanas, se da entre mundos, no entre personas. Si yo soy realmente una persona sin un mundo creado por mis sueños y tú también eres una persona sin un mundo creado por los tuyos, podemos vivir en un mismo cuarto por toda la eternidad sin que haya un choque porque este cuarto es suficientemente grande para albergar a dos personas. Pero para dos mundos, ni siquiera el planeta entero basta. Existen tantos mundos, puesto que cada individuo es un mundo. Y cada quien vive dentro de su mundo y está cerrado. Esto es el sueño. Uno tiene, alrededor de sí, una capa diáfana de proyecciones, ideas, nociones, concepciones, interpretaciones. Uno es un proyector que proyecta de modo continuo cosas que no están en ninguna parte más que dentro de uno mismo y el mundo entero se vuelve una pantalla. Uno jamás se puede dar cuenta por sí sólo de que está en un sueño profundo.

Hay un santo sufí de nombre Hira a quien se le aparece un ángel en un sueño. Le dice que debe de almacenar la mayor cantidad de agua posible porque a la mañana siguiente, toda el agua del mundo será envenenada por el diablo y todo aquel que beba de esa agua se volverá loco. Así que el fakir almacena tanta agua como le es posible a lo largo de toda la noche. Y el fenómeno sucede. A la mañana siguiente, todos se vuelven locos. Nadie sabe que la ciudad entera se ha vuelto loca. El fakir es el único que no se ha vuelto loco, pero la ciudad entera habla de él como si estuviera loco. Él sabe que son los demás los que están locos, pero nadie le cree. Él sigue bebiendo de su agua y se queda solo, pero no puede continuar. La ciudad entera está viviendo en otro mundo. Nadie lo escucha y entonces surge el rumor de que será atrapado y encarcelado.

Una mañana, llegan para aprehenderlo. Deberá ser tratado como un enfermo, o debe de ser encarcelado. No se le puede permitir la libertad. Se ha vuelto completamente loco. Nada de lo que dice se entiende, habla en otro idioma. El fakir no entiende. Trata de ayudarlos a recordar su pasado, pero ellos han olvidado todo. No saben nada del pasado, nada de lo que sucedió previo a aquella mañana enloquecedora. No pueden entender al fakir, el fakir se ha vuelto incomprensible. Rodean su casa y lo atrapan.

Y el fakir dice: "Denme un momento más. Yo mismo me curaré". Corre hacia el pozo común, bebe del agua y se cura. Ahora, toda la ciudad está contenta. El fakir se ha recuperado. Ya no está loco. ¡En realidad, ahora se ha vuelto loco! Pero ahora es parte del mundo común.

Si todos están dormidos, uno nunca se dará cuenta que está dormido. Si todos están locos y uno mismo está loco, jamás se dará cuenta.

La iniciación significa que uno ha reconocido que hay alguien que ha despertado. Uno dice: "No lo entiendo. No puedo entenderlo y soy parte del mundo que está dormido y loco. Estoy soñando en todo momento. Mi razonamiento es postizo porque siempre que actúo, lo hago desde la parte irracional de mi mente. Siempre actúo de modo subconsciente y luego lo racionalizo. Me enamoro de alguien y entonces comienzo a racionalizar en torno al por qué de mi amor: ¿dónde está el motivo? El fenómeno sucede de esta manera. Primero, algo comienza a gustarme y luego encuentro motivos para ese gusto. El gusto llega primero, luego le sigue la racionalización. Y el gusto es irracional".

Este sentimiento puede tenerlo incluso una persona dormida porque el sueño no siempre es profundo. Fluctúa, volviéndose muy profundo y luego sube y se vuelve muy ligero. El sueño nunca se da en un solo plano. El sueño fluctúa, incluso el sueño normal fluctúa. Uno no está en el mismo plano toda la noche. A veces uno va a lo muy profundo, tanto que no puede recordar nada después. Si uno ha dormido profundamente, a la mañana siguiente, dirá: "No he soñado nada". Sí se ha soñado, pero el sueño fue tan profundo, que uno no lo puede recordar. Hoy en día hay implementos que pueden demostrar que uno siempre sueña. Uno lo niega porque no hay recuerdo del sueño. Uno había llegado a una profundidad tal, la distancia de la memoria consciente era tan grande, que la mente no pudo obtener nada del sueño. A veces, el sueño es muy ligero, sólo se da en la orilla. Entonces, uno puede recordar su sueño. Normalmente recordamos sólo los sueños de la mañana, aquellos que se dan justo antes de despertar porque el sueño es muy ligero y la brecha es muy pequeña.

El sueño común es una fluctuación entre tantos niveles, tantos planos. A veces, uno sólo está oscilando entre la vigilia y el sueño. Cuando uno oscila, puede escuchar algo de lo de afuera, cuando las fluctuaciones están en la orilla. Uno se ha dormido. Escucha algo, alguien habla de algo, algo se entiende, algo se pierde y uno puede escuchar. Pero entonces uno se duerme, se duerme profundamente. Entonces, alguien habla y uno no lo puede escuchar. No hay interpretación, no hay significado, uno no puede escuchar.

Tal y como con este sueño común, lo mismo sucede con el sueño metafísico al que me refiero. A veces uno está en la orilla, muy cerca de Buda. Entonces, uno puede comprender algo de lo que dice Buda, algo de lo que habla. Uno puede comprender algo aunque, claro, jamás será exactamente lo que se dice. Pero al menos se tiene algo, se tiene un atisbo de la verdad.

Así que a una persona que está en esta orilla del sueño metafísico, le gustaría ser iniciado. Puede escuchar algo, puede comprender algo, ve algo. Todo es como si estuviera en una neblina, pero aún siente algo. Así que puede acercársele a alguien que ha despertado y convertirse en discípulo. Esto lo puede hacer una persona con sueño. Esto se puede hacer para que pida ser iniciado. Esto significa que él comprende que algo muy distinto de lo que es su sueño, está sucediendo. En alguna parte de sí, lo siente. No puede saberlo con exactitud, pero lo siente.

Cuando pasa un buda, aquellos que están en el límite del sueño sienten que algo le ha sucedido a este hombre. Se comporta de modo distinto, habla de modo distinto, vive de modo distinto, camina de modo distinto; algo le ha sucedido a este hombre. Aquellos que están en la orilla, lo pueden sentir, pero están dormidos. Y esta orilla no es permanente. Puede que vuelvan a entrar en un sueño profundo, pero tan solo una palabra los puede sacar. Así que antes de que caigan en un subconsciente más profundo, pueden convertirse en discípulos del que ha despertado.

Esta es la iniciación desde el lado del iniciado. Él dice: "No puedo hacer nada yo mismo. Soy impotente. Y sé que si no me convierto en discípulo en este momento, puedo volver a caer en un sueño profundo. Y entonces, será imposible". Así que hay momentos que no se pueden perder. Y aquel que pierde esos momentos quizá no pueda volverlos a tener durante siglos, vidas, porque no está en manos de uno el llegar al límite.

A veces pasa por tantos motivos más allá del control de uno. Uno no puede controlar su sueño. A veces sucede que un buda está pasando. Uno lo puede reconocer, pero sólo si se está en la orilla.

Hay una historia muy significativa acerca de la vida de Buda...

Cuando él mismo experimentó el despertar, estuvo en silencio durante siete días seguidos. No tenía ganas de hablar. Esta es una historia muy hermosa. Los dioses estaban muy intranquilos, puesto que si Buda permanecía en silencio, ¿qué sería de los que se encuentran justo en la orilla? Él no podrá hacer nada por aquellos que están en un sueño profundo, ni siquiera Buda podrá hacer algo por ellos. Y tampoco puede hacer nada por aquellos que ya están despiertos, no necesitan de su ayuda. Pero hay unos cuantos que están en la orilla y con un solo empujón, podrán despertar. La presencia de Buda, por sí sola, podría ser suficiente para despertarlos.

Así que los dioses se acercaron a Buda, le rezaron y le pidieron que hablara. Buda les dijo que hay personas a quienes no se les puede ayudar. "Están tan dormidos es inútil hablar con ellos. Aquellos que me pueden escuchar ya están despiertos. Así que tampoco hay necesidad de hablar con ellos. ¿Entonces, porqué me piden que hable? No tiene caso. Déjenme permanecer en silencio". Y los dioses dijeron: "Pero sigue habiendo una categoría: aquellos que no están tan despiertos que pueden comprender que están justo en la orilla. Puede que no escuchen todo lo que usted les diga, pero quizá una sola palabra los pueda sacar. Tiene que hablar".

Es sólo después de miles y miles de años que una persona se convierte en Buda. Un buda debe de hablar, no debe de permanecer en silencio. La oportunidad no se puede perder. Buda se convenció. Sí, hay una tercera categoría. Esa categoría es la de los iniciados, la categoría intermedia.

El término budista para la iniciación y para aquel que está siendo iniciado, es *shrotapann*: aquel que ha entrado a la corriente.

Entonces, uno tendrá sus objetivos, su meta de llegar a alguna parte. Hay personas que se acercan al iluminado pero que comienzan a discutir. Quieren razones, piden pruebas, quieren ser convencidos. Este modo es de lucha —se pelean con el iluminado—. Esto no le hace daño al iluminado, pero sí al que se le acerca porque el momento se está perdiendo. Estaba en la categoría intermedia y es el motivo por el cual se ha acercado. Pero ahora está perdiendo el momento; puede ser que vuelva al sueño profundo. Convertirse en discípulo significa que uno comienza a fluir junto con la corriente, uno se entrega a la corriente. Ahora, la corriente fluye; el iniciado la sigue. Se deja ir totalmente. Así que, para los iniciados, la iniciación es un dejarse ir, es una confianza absoluta, una rendición absoluta. Jamás puede ser parcial. Si es parcial, uno se sólo se engaña a sí mismo. No puede haber una iniciación parcial porque en una iniciación parcial, algo se está reteniendo. Y el retener puede volver a arrojarlo a uno a un sueño profundo. Esa parte que no se rinde será fatal; en cualquier momento, uno puede volver a caer en un sueño profundo. La iniciación real siempre es total y cuando uno es total, las cosas comienzan a cambiar. Entonces, ya no se puede volver al ensueño. Esta iniciación rompe toda proyección. Esta iniciación rompe la mente que proyecta porque esta mente que proyecta está atada a un ego. No puede vivir sin el ego. El ego es su centro principal. Yo le llamo a alguien mi amigo. ¿Por qué? Yo le llamo a alguien mi enemigo. ¿Por qué? El enemigo es aquel que ha lastimado mi ego, y el amigo es aquel que lo ha alimentado. Es por eso que se dice: "Un amigo necesitado de ayuda es un amigo en verdad".[3] ¿Por qué necesitado? ¿Cuál es la necesidad? La necesidad llega cuando el ego está hambriento, entonces se conoce al amigo. Todo nuestro mundo de sueño, nuestra mente de sueño, está apoyada en el pedestal del ego. Si uno se rinde, ha cedido la base misma. Se ha rendido por completo. Ahora, no se puede seguir oscilando porque el sueño fue cedido.

Para el iniciado, no es muy difícil entender lo que es la iniciación. Es muy sencillo. Se trata simplemente de alguien que está dormido y que pide ayuda para ser despertado, y se convierte en discípulo de alguien despierto. Esto es muy sencillo. El asunto no es nada complejo.

Pero para quien lo inicia a uno, el asunto es muy complejo y muy difícil; implica muchas cosas. Muchas cosas son *esotéricas*, más no *exotéricas*. Es bueno que comprendamos, por medio de

---

[3] El dicho original, en inglés, es: "A *friend in need is a friend indeed*".

lo exotérico, las cosas de afuera, y que luego procedamos a lo esotérico, a las cosas de adentro.

Lo primero que corresponde a la rendición del discípulo, es la responsabilidad. Aquel que duerme se rinde y aquel que está despierto asume la responsabilidad. Cuando uno va con un Buda, con un Jesús o con un Mahoma, y se convierte en discípulo, aquél asume toda la responsabilidad. Uno no es más que sueño. Uno cede esto. Su sueño, sus sueños, todo el sinsentido del pasado… se cede al maestro.

La rendición siempre es del pasado y la responsabilidad siempre es para el futuro. Uno no tiene futuro, no es más que un pasado de ensueño. Una larga cantidad de recuerdos, sueños, de muchas vidas, se ceden. Se ceden de modo muy arduo. Es tan difícil separarse incluso de algo que no es más que un pasado polvoriento, puesto que no se tiene nada más. Uno ha estado dormido y soñando. Uno tiene un registro de tantos sueños —buenos o malos, bellos u horribles, pero sueños, al fin y al cabo—. Uno los deja ir antes de perderse: eso también sucede con mucha dificultad, eso también es muy difícil, es una lucha; uno trata de retener, de resistir. Algo debe de salvarse. ¿Qué tiene uno? Nada más que una larga serie de sueños, un largo sueño.

Entonces, por parte del iniciado, es una rendición de su pasado. Por parte de quien lo inicia a uno, es una responsabilidad para el futuro. El que lo inicia a uno se vuelve responsable y sólo él puede ser responsable. Uno jamás puede ser responsable; ¿cómo es posible que alguien que está dormido sea responsable? La responsabilidad jamás es parte del sueño. Si uno comete un asesinato en un sueño, si uno es sonámbulo y comete un asesinato, ningún tribunal lo hará responsable. ¿Cómo se le puede responsabilizar a alguien que está en un sueño profundo?

Uno jamás se siente responsable de sus sueños. Uno puede hacer cualquier cosa en sus sueños, pero nunca siente responsabilidad alguna. Uno puede asesinar, pero dice que sólo era un sueño. La responsabilidad viene con el despertar. Esta ley es realmente fundamental para la vida. Aquel que está dormido no es responsable ni siquiera de sí mismo, mientras que aquel que ha despertado es responsable incluso de los demás.

Una persona que está iluminada, que está despierta, siente que es responsable incluso por todo el desastre que uno ha generado. Un buda siente compasión. Un buda siente culpa por los crímenes de uno, por los pecados de uno; se siente involucrado, se siente responsable. Él sabe que uno no sabe; él está plenamente consciente. Por ejemplo, va a llegar la tercera guerra mundial. Aquel que está despierto sabe muy bien que vendrá, sabe que se acerca cada día que pasa, que pronto estará sobre nosotros. Uno está dormido de modo profundo. Aquél no está dormido, no está en un sueño. Está plenamente consciente como un radar; conoce el futuro que está por venir. Se siente culpable, debe de hacer algo. Por ejemplo, uno está en un avión, volando. Uno está dormido, soñando, pero el piloto está consciente. Si algo ha de suceder, si el motor hace un ruido, un ruido muy sutil; si algo falla y nadie lo sabe, sólo el piloto será responsable. Nadie más es responsable. Él está completamente despierto. Él está completamente despierto y es el único que lo está.

Un buda se sentirá responsable por todos nuestros crímenes y pecados. Toda la historia de Jesús está basada en esta responsabilidad. El cristianismo en su totalidad, el concepto en su totalidad, comienza con esta responsabilidad. Jesús se siente responsable por todos los pecados de la humanidad, desde Adán hasta nosotros. Jesús se siente responsable, por lo cual carga la cruz sobre sus espaldas para que nuestros pecados sean perdonados. No es en absoluto responsable. Si Adán ha hecho algo y toda la mente humana ha hecho algo, ¿por qué debe él ser el responsable? Los cristianos dogmáticos llevan siglos discutiéndolo. Jesús no ha cometido ningún pecado; aun así, yo digo que él se sentía responsable porque estaba despierto. Por medio del fenómeno del despertar, se ha vuelto responsable por todo lo que han hecho aquellos que duermen. Su carga ha crecido, su cruz es pesada. Su crucifixión es simbólica; es para nosotros que él ha muerto, para que nosotros vivamos. Es por eso que la crucifixión de Jesús se ha convertido en un evento histórico.

Es alguien que se ha sentido responsable por toda la raza humana, y muere por ella para que el hombre pueda ser transformado. Pero incluso con su muerte, no nos hemos transformado. Su mensaje se escuchó en nuestro sueño y lo interpretamos de nuestra propia manera. Entonces, su vida se convierte en parte de nuestro mundo de sueño. Creamos iglesias y dogmas, creamos sectas. Entonces, hay sectas católicas y protestantes y tantas otras. Todo el sinsentido vuelve de tantas formas y el mundo sigue siendo el mismo.

Comenzamos a venerarlo. Es decir, comenzamos a soñarlo, soñamos que es el hijo de Dios. No estamos iniciados, no estamos transformados, sino todo lo contrario: transformamos su realidad para adecuarla a nuestros sueños. Creamos una iglesia para él, hacemos un ídolo de él, lo veneramos —y continuamos en nuestro sueño—. En realidad, lo utilizamos como tranquilizante. Se convierte en un asunto de los domingos. Una hora por semana, lo vamos a ver y luego continuamos por nuestro camino. Él nos ayuda a dormir bien; nuestra conciencia se tranquiliza, nos sentimos religiosos. Vamos a la iglesia, veneramos, y volvemos a casa siendo los mismos. Nos volvemos más cómodos. Entonces, no hay ninguna exigencia para ser religioso o para transformarse. Ya somos religiosos porque hemos asistido a misa donde hemos venerado y orado. Ya somos religiosos, y todo sigue su marcha como siempre.

La responsabilidad le corresponde a la rendición. La responsabilidad significa responder por. Significa que Jesús siente que responde por uno. Siente que si hay algún dios, él mismo será responsable. Se le preguntará y él tendrá que responder por qué motivo esto o lo otro le ha sucedido a la humanidad. La responsabilidad significa eso. Jesús lo siente como un fenómeno natural que le sucede. Y si uno se le acerca y es iniciado por él, entonces él se vuelve particularmente responsable de uno.

YO SOY LA PUERTA

Krishna podía decirle a Arjuna: "Déjalo todo. Ven a mí, ríndete a mis pies". Jesús podía decir: "Yo soy la verdad. Yo soy la puerta. Vengan a mí, pasen a través de mí. Yo seré el testigo el día de su juicio final. Yo responderé por ustedes". Todo esto es analógico. Todos los días son el día del juicio final y todo momento es el momento del juicio final. No habrá ningún día final. Esto es únicamente lo que podía ser entendido por las personas a quien Jesús les hablaba. "Yo seré responsable por ustedes y yo responderé por ustedes cuando lo divino pregunte y estaré ahí como testigo. Ríndanse ante mí; yo seré su testigo", dijo Jesús.

Esto es una gran responsabilidad. Ninguna persona que esté dormida la puede asumir porque incluso el cargar con la responsabilidad propia se vuelve difícil cuando se está dormido. Uno no puede cargar con la responsabilidad de otros. Se puede cargar con la responsabilidad de otros sólo cuando la responsabilidad propia deja de ser, cuando uno deja de tener carga alguna —realmente, ¡cuando uno ya no es!—. Esta declaración de dejar de ser, se está haciendo de tantas formas distintas.

Cuando Jesús dijo: "Yo soy el hijo del padre que está en el cielo", lo que realmente quiso decir es que no es hijo de la persona a quien se le conoce como su padre, no es hijo de María a quien se le conoce como su madre. ¿Por qué? A veces parece muy cruel. Un día estaba parado frente a una multitud y alguien dijo: "Su madre, María, ha venido. Afuera de esta multitud, ella lo llama. Lo está esperando". Y Jesús dijo: "¡Yo no tengo madre! ¿Quién es mi madre? ¿Quién es mi padre? Nadie es mi madre. Nadie es mi padre". ¿Por qué? Parece cruel. La madre está parada afuera de la multitud. Está esperando y Jesús manda decirle: "Nadie es mi madre. Nadie es mi padre". ¿Por qué? Simplemente está negando el patrón de los sueños de uno. "Este es mi padre, madre, esposa, hermano..." Este es el patrón de la mente que sueña, del mundo que sueña, el mundo de la proyección. Jesús simplemente lo niega. Y en el momento en que se niega a la madre, uno ha negado al mundo entero porque, con ella, comienza todo —el mundo entero—. Ese es el principio, la raíz de nuestra venida a este mundo de ensueño, la raíz de las relaciones, la raíz de *sansara*.

Si uno niega a su madre, ha negado todo. Les parece cruel a aquellos que están profundamente dormidos, pero se trata de un hecho. El énfasis en decir: "Yo soy el hijo de aquel que está en el cielo", es lo mismo que decir: "No soy un individuo. No soy Jesús, el hijo de María. Soy parte de la fuerza divina, la fuerza cósmica".

Aquel que se siente de este modo, que se siente parte de lo cósmico, lo puede iniciar a uno. De no ser así, nadie lo puede iniciar a uno. Ningún individuo particular puede iniciar a alguien. Y pasa tantas veces, sucede todos los días —aquellos que están dormidos inician a otros que también están dormidos; los ciegos guiando a los ciegos—. Ambos caen en el hoyo. Alguien que está dormido no puede iniciar a nadie. Pero el ego quiere iniciar a otros; esta actitud egoísta ha demostrado ser muy peligrosa.

Todo el asunto de la iniciación, todo su misterio, toda su belleza, se volvió fea debido a aquellos que no eran capaces de iniciar a otros. Sólo aquel que no tiene ego adentro, que no está dormido, que no tiene sueño adentro, puede iniciar a otros. De no ser así, la iniciación es el mayor pecado porque, entonces, uno no sólo está engañando a los demás, sino que se está engañando a sí mismo —porque la iniciación es una gran responsabilidad, la responsabilidad máxima—. En ese momento, uno se está haciendo responsable por otro. El hacerse responsable por otro no es un mero juego, es tomar lo imposible entre las manos. Uno se hace responsable por otro que está equivocado.

Así que esta responsabilidad puede asumirse sólo cuando hay una rendición total; de otro modo, no se puede asumir. No se puede asumir responsabilidad por alguien que retiene porque éste, como tal, continuará; no lo escuchará a uno. Lo interpretará uno a su propio modo.

Hay una historia sufí…

Un hombre rico murió. No era sólo rico, sino que también era sabio, lo cual sucede muy rara vez. Su hijo tenía tan solo diez o doce años, así que el hombre redactó un testamento a través del cual le escribió al más anciano del pueblo, al *panchayat*. En ese testamento, declaró: "De mi propiedad, lo que más le plazca, tómelo y luego déselo a mi hijo".

El testamento era tan claro como el amanecer. Los cinco ancianos del pueblo dividieron toda la propiedad. Todo lo que era de valor, se lo dividieron entre ellos. No quedó nada salvo lo poco que no era de utilidad. Nadie lo quiso, así que le fue dado al niño. Pero el viejo moribundo también le había entregado una carta a su hijo, misma que habría de abrir cuando llegara a la mayoría de edad. Así que, al cumplir la mayoría de edad, el hijo abrió la carta en la cual su padre había escrito: "Los ancianos podrán, por supuesto, interpretar el testamento de su propia manera. Cuando cumplas la mayoría de edad, dale esta interpretación. Esta es mi interpretación, esto es lo que he querido decir: Tomen todo lo que más les guste y, entonces, todo aquello que más les guste, déselo a mi hijo".

El hijo presentó la carta ante los ancianos. Ellos jamás le habían dado ese significado, así que habían dividido todo y se lo habían repartido entre ellos. Lo devolvieron todo, puesto que ahora estaba claro el significado y el joven estaba listo. Y el padre también había escrito: "Está bien que lo interpreten de su propio modo hasta que llegue el día en que lo tomes tú porque, si te lo diera directamente, antes de que cumplas la mayoría de edad, sería destruido por los ancianos. Deja que ellos lo protejan como si fuera de su propiedad hasta que estés listo para tomarlo". Y ellos lo habían protegido como si fuera de su propiedad.

Así que cuando hay una rendición parcial, uno interpretará cualquier mensaje, cualquier orden, cualquier solicitud, en la forma en que más le apetezca. En el sueño, uno lo dotará de sentido a través de su mente somnolienta. Así que, a menos que uno se rinda totalmente, la responsabilidad no puede ser asumida. Y cuando uno se rinde completamente, la responsabilidad total está sobre el maestro, sobre el que ha despertado. Entonces, es total.

En épocas antiguas, la iniciación no era nada fácil; era lo más difícil. El fenómeno mismo era tal que tenía que ser difícil. Uno tenía que esperar durante años para ser iniciado. Uno podía esperar la vida entera porque, a menos que uno estuviera listo, no era iniciado. Este periodo de espera era en verdad una prueba. ¿Es paciente? ¿Puede esperar? Sólo en la espera se revela la madurez. Un niño no puede esperar ni siquiera un momento. Si quiere un juguete, lo quiere en ese momento preciso; no puede esperar. Entre más impaciente sea la mente, menos madurez se tiene. Así que en épocas antiguas, antes de ser iniciado, uno tenía que esperar durante muchísimos años. Esta espera era una prueba y esta espera también era una disciplina.

Por ejemplo, los sufís sólo lo inician a uno cuando ha esperado durante un periodo determinado. Uno esperaba, sin cuestionar, el momento en que el maestro mismo respondiera. Uno tenía que hacer muchas cosas. Por ejemplo, un sufí podía ser zapatero. Si uno deseaba ser iniciado, tenía que ayudarlo durante años en su oficio. Y ni siquiera a esto se le podía cuestionar. ¿Qué sucederá a través de la hechura de zapatos? ¿Cómo es que uno tomará conciencia? ¿Cuál es la relevancia de hacer zapatos? Si tan siquiera se preguntaba en torno a la relevancia, uno era expulsado, puesto que no le incumbía.

Es asunto del maestro saber lo que es relevante. ¿Cómo puede saberlo uno? Uno no conoce el despertar, así que no puede saber cómo se relaciona el hacer zapatos; no se puede saber. Durante cinco años, uno simplemente espera y ayuda al maestro en la hechura de zapatos. Él jamás hablará de la oración o de la meditación. Jamás hablará de nada más que de la hechura de zapatos. Uno ha esperado durante cinco años, pero esta es una meditación. No es una meditación común y corriente, uno será purificado a través de ella.

Esta espera sencilla, incuestionable, esta confianza, preparará el terreno. Y a veces parece tan fácil desde afuera. No es nada fácil, es muy difícil. La mente de uno resistirá, la mente hará preguntas, la mente generará problemas. Preguntará: "¿Qué estoy haciendo? ¿Estoy haciendo algo correcto o estoy simplemente perdiendo el tiempo? ¿Acaso vale la pena estar con este hombre, con esta hechura de zapatos? ¿Está relacionado de modo alguno con la búsqueda?"

La mente seguirá preguntando. Adentro, uno estará hirviendo, pero no podrá preguntar. Uno tiene que confiar, tiene que esperar el momento. Si uno puede esperar incluso un año, la mente se callará por sí sola. No puede continuar a menos que uno la alimente diariamente, a menos que la ayude diariamente. A menos que uno se moleste por ello todos los días, no puede continuar. Uno simplemente espera mientras que la mente habla y hace preguntas.

Uno ha esperado y esperado y esperado y, entonces, la pregunta deja de tener sentido. La mente simplemente se agotará. Perderá interés, morirá. Y pese a que uno espera, llegará un momento en que no habrá cuestionamiento alguno. Cuando no haya cuestionamiento, el maestro responderá.

El momento preciso del no cuestionamiento por parte del discípulo, es cuando responde el maestro porque es entonces cuando uno puede escuchar. El parloteo propio habrá cesado; ahora, uno esta en silencio, ahora, uno se ha convertido en conducto.

Pero normalmente alimentamos la mente a diario. Estamos molestos. Ni siquiera esperamos una hora para ver si esa molestia puede continuar por una hora. Uno ni siquiera espera para ver si esta mente puede continuar. No puede continuar porque con la mente, nada es permanente. La molestia se irá por sí sola.

Un maestro tibetano, Milarepa, estableció una regla que consistía en que si llegaba a él una pregunta, respondía sólo después de una espera de siete días. Este es el precio que uno tiene que pagar por todo. Si uno llegaba a preguntarle en un momento determinado, él escuchaba y decía: "espere siete días, quédese con la pregunta". Y, en realidad, uno no puede quedarse con la pregunta durante siete días. Es demasiado tiempo.

A veces, cuando alguien llega conmigo y me hace una pregunta, y si puedo esquivarla y hablar incluso por dos minutos de otra cosa, a esta persona se le olvida la pregunta; nunca vuelve a su pregunta. Puede hablar durante una hora y no volverá a hacer la pregunta. Era sólo un capricho, una ola. No significaba nada. Por lo tanto, si uno puede esperar durante cinco años, no será el mismo.

El esperar será una gran dificultad. En épocas antiguas, la iniciación se hacía después de un largo periodo de espera. Entonces, la rendición era fácil y la responsabilidad también se podía asumir. Ahora, todo es distinto, nadie está preparado para esperar. La enfermedad más aguda de la mente moderna es la prisa. El nuevo fenómeno de la mente humana es la conciencia del tiempo, el cambio básico que ha habido en la mente es la conciencia del tiempo. Nos hemos vuelto tan conscientes del tiempo que no podemos esperar ni siquiera un minuto. Es una imposibilidad.

Por eso toda esta época se ha vuelto infantil. No hay madurez en ninguna parte porque la madurez siempre es una consecuencia de la espera. Y la espera sólo es posible con la conciencia intemporal, no con la conciencia del tiempo. Debido a esta conciencia del tiempo, la iniciación se ha vuelto imposible. Uno no puede ser iniciado. Uno pasa por Buda, corriendo, y pregunta: "¿Me iniciará?". Mientras corre, uno se encuentra con Buda en la calle y ni siquiera se puede detener para pronunciar esas cuatro o cinco palabras. Uno sigue corriendo.

La madurez se ha vuelto imposible. Pero, ¿por qué esta conciencia del tiempo, misma que es una barrera, la barrera más grande? ¿Por qué no estaba ahí antes? ¿Por qué hoy en día es tan grande?

La conciencia del tiempo se profundiza sólo cuando uno se vuelve temeroso de la muerte. Puede que uno no se dé cuenta de ello, pero entre más consciente se vuelve uno de la muerte, más consciente se vuelve del tiempo. ¡No se debe perder ni un

YO SOY LA PUERTA

solo instante! La muerte está ahí. Cada momento perdido se pierde para siempre y la muerte se acerca; uno va a morir. ¡Así que utiliza todo momento! Uno no puede esperar porque la espera sólo significa esperar la muerte. La muerte viene. Nadie puede esperar, nadie sabe lo que va a suceder mañana, al momento siguiente. La muerte puede llegar. Uno se siente intranquilo, comienza a temblar, comienza a correr. Este correr de la mente moderna se debe al temor a la muerte.

Por primera vez, el hombre le teme tanto a la muerte porque, por primera vez, el hombre no tiene conciencia alguna de aquello que no muere. Si uno está consciente de aquello que no muere, no hay prisa. Uno vive en la eternidad y siempre hay tiempo suficiente, más que suficiente. Nada se pierde porque el tiempo es eterno. Si un momento se pierde, no quiere decir que quede menos tiempo. El tiempo sigue igual porque es eterno. De una tesorería que es inmensurable, no se puede perder nada. Uno puede seguir perdiendo, es lo mismo; lo que permanece es igual. Uno no le puede sacar nada. Pero estamos cortos de tiempo. El tiempo es corto y la muerte está ahí.

Sólo estamos conscientes del cuerpo, mismo que va a morir. No estamos conscientes de la conciencia interior, misma que no muere. En épocas antiguas, había gente que estaba consciente de aquello que no muere. Debido a su conciencia de aquello que no muere, crearon un ambiente en el cual no había prisa. Las cosas se movían lentamente si acaso se movían. Entonces, la iniciación era fácil; entonces, la espera era fácil; entonces, la rendición era fácil; entonces, las responsabilidades eran fáciles. Ahora, todo esto se ha vuelto difícil. Pero, aún así, no hay alternativa, la iniciación es necesaria. La vieja iniciación se ha vuelto imposible, así que debe ser reemplazada por una iniciación nueva. Lo viejo debe ser reemplazado por lo más nuevo. Todo mi esfuerzo está dirigido hacia eso.

Si tú tienes prisa, te iniciaré dentro de tu corriente de vida porque, de no ser así, no habría iniciación alguna. No puedo

151

pedirte que esperes como precondición. Debo de iniciarte primero y luego prolongar tu espera de muchas maneras. A través de muchos mecanismos, te persuadiré para que esperes porque, sin espera, no hay madurez. Así que, cuando estés listo, habrá una segunda iniciación, misma que, en épocas antiguas, hubiera sido la primera. Ahora no puede ser la primera.

A veces, la gente se confunde. A veces, hay quien viene a mí; no me ha escuchado siquiera, no me ha conocido siquiera, y lo inicio en *sannyas*. Esto es absurdo, no se entiende en absoluto. Pero yo sé. Y cualquier cosa que haga, lo hago de modo muy deliberado. Este es sólo el principio, esta iniciación, porque sólo a través de esta iniciación seré capaz de crear mecanismos para la espera de la persona; de otro modo, no puede esperar. Si le digo: "Espere cinco años y luego lo iniciaré", esa persona no pude esperar. Si se lo doy en ese mismo momento, podrá entonces esperar.

Así que permite que sea así, no tiene importancia. El proceso será el mismo. Porque tú no puedes esperar, yo cambio. Te permitiré esperar después y luego habrá una segunda iniciación. Esta es la iniciación formal, la segunda será informal. La segunda será como un suceso. Tú no me pedirás, yo no te daré. Sucederá. Sucederá en el ser más recóndito y tú sabrás cuando suceda.

Hoy en día no hay otra manera posible para este mundo, para este momento. Para esta época de conciencia del tiempo, no hay otra manera. Primero, yo te impulsaré y entonces tendré que trabajar sobre ti. El trabajo también será bastante distinto. No puede ser igual. Por ejemplo, tendré que trabajar mucho con tu intelecto, lo cual nunca antes fue necesario. Siempre se consideró que el intelecto era una barrera. Yo también sé que es una barrera, también sé que nada puede suceder realmente con el intelecto. Pero tendré que trabajar y laborar con tu intelecto porque hoy en día, si alguien dice que el intelecto de uno no es necesario, dicha declaración será interpretada por el intelecto. Uno estará desconectado de la persona, no habrá más intimidad. Esto sería el cierre de una puerta. Hoy en día, eso no se puede decir. Por supuesto que es una verdad fundamental, pero no se puede pronunciar. Antiguamente se podía pronunciar.

Hoy en día, tendré que hacer mucho con tu intelecto. Y sólo cuando haya trabajado con tu intelecto lo suficiente, de un modo en que nunca se había hecho antes, mayor que tu capacidad, sólo entonces tú estarás listo para la declaración: "Desecha el intelecto" —pero no antes—. Si tú te convences —y el intelecto se convence con mucha facilidad puesto que es una parte muy superficial— de que cualquier cosa que se diga es únicamente racional, puedo entonces comenzar con lo irracional. Ahí está el verdadero principio.

Pero para llegar a tu corazón, tendré que dar vueltas a través de tus circunvalaciones intelectuales. El laberinto del intelecto tiene que ser recorrido innecesariamente pero, en esta época, se ha vuelto necesario. Hoy en día, incluso lo irracional tendrá que ser hallado por medio de un esfuerzo racional.

El periodo de espera será un entrenamiento para el intelecto hacia el más allá y, de modo simultáneo, lo obligaré y lo empujaré hacia la meditación. En épocas antiguas, la meditación era muy secreta, muy esotérica. Se la daban a uno sólo cuando estuviera completamente listo porque es la llave más secreta del tesoro más secreto. Sólo se podía dar cuando uno estuviera completamente listo, de lo contrario, no se podía dar.

Pero si yo espero a que tú estés listo, no te la daría en absoluto. Así que yo te daré una llave —claro que será una llave falsa—. Tú puedes jugar con ella y, con eso, puedes esperar. Más que esa llave, la espera será de ayuda. Incluso con la llave falsa, tú estarás más tranquilo. Pero la llave está hecha de tal forma que, si tú la sigues utilizando, se convertirá en una llave auténtica. La llave está hecha de tal forma que, si tú la sigues utilizando…

No puedes abrir la puerta en este mismo instante. La llave es falsa, tiene esquinas que no debiera tener. Pero si tú sigues intentando abrir la puerta con esa llave, las esquinas se roerán. Se convertirá en una llave verdadera y, día con día, se moverá más. Creo que tú me entiendes. No voy a reemplazarla con otra llave. La misma llave se volverá auténtica después de mucho uso. Las esquinas innecesarias se habrán roído. Pero no puedo esperar a que tú estés listo para recibir una llave que pueda abrir la puerta en este mismo instante. La puerta está lista, la llave está lista, pero tú no estás listo.

Así que hay dos formas. La vieja forma es que tú debes esperar. "Espera cinco años. Esta es la llave, esa es la puerta, pero espera cinco años. No vuelvas a preguntar dónde está la llave, no toques la puerta ni siquiera por curiosidad, no te acerques al seguro. ¡Espera! Y si tan solo llego a ver que estás mirando el seguro, te expulsaré. Sólo espera. Jamás mires el seguro, jamás seas codicioso. Esta es la llave. Te la daré cuando estés listo". Esa es la vieja forma. La gente esperaba durante años. La gente esperaba incluso a lo largo de vidas enteras.

Hay una historia…

Un discípulo esperó a lo largo de tres vidas. El maestro experimentaba con él para ver cuánto podía esperar. Le dijo: "Voy a ver cuánto puedes esperar".

El discípulo dijo: "Está bien. Yo también veré cuánto puede esperar *usted*". "Será una espera para ambos; jamás pienses que será una espera únicamente para ti. Si tú esperas, también yo espero. Y yo tengo más prisa que tú porque posiblemente ya no vuelvas." Así que el discípulo le dijo: "Veamos quién puede esperar más".

Se volvió difícil para el maestro. Tuvo que regresar por tres vidas más y el discípulo esperó. En cada ocasión, llegaba a sentarse y, en cada ocasión, la historia se repetía.

Al final, el maestro perdió la paciencia y dijo: "Toma esta llave. Has ganado; estoy derrotado".

El discípulo dijo: "¿Por qué tiene tanta prisa? Puedo esperar aún más".

El maestro dijo: "Tú puedes esperar, pero yo tengo que venir a esta tierra innecesariamente por motivo de esta espera y tal parece que puedes continuar eternamente. Así que toma esta llave".

Pero el discípulo dijo: "La llave ha llegado a mí porque la espera tan larga se ha convertido en la llave misma. Ya no necesito esa llave".

El maestro dijo: "Esta era la razón por la cual yo tenía tanta prisa —porque si se espera aún más tiempo, no hay necesidad de entregar la llave—. La espera misma se volverá una llave".

Esta era la forma vieja. Esperar primero, luego la llave será entregada. Hoy en día, esto no es posible, así que tengo que cambiarlo todo. Yo te puedo dar la llave y entonces tú puedes jugar con ella. No puedes esperar sin estar ocupado en algo, pero puedes esperar estando ocupado en algo. Ahora tienes la llave, tienes el seguro, la puerta, tienes rumores acerca de la tesorería; tienes todo. Yo sigo hablando acerca de la tesorería. Tú tienes la llave. Puedes esperar, puedes jugar con el seguro y con la llave. Y por medio de este juego y espera, la llave falsa se convertirá en una llave auténtica.

La responsabilidad del maestro corresponde a la confianza de uno, a su rendición. Hay muchas otras cosas que hace el maestro que no tienen ninguna correspondencia con el discípulo. El maestro está en correspondencia con el discípulo en una sola cosa, ese es el puente. Rendición por parte del discípulo, responsabilidad por parte del maestro —ese es el puente—. Hay muchas cosas que sólo tienen que ver con el maestro. En realidad, el discípulo no tiene mucho que hacer. El maestro tiene mucho que hacer. Y eso es también correcto, es como debe ser. El discípulo siempre piensa que está haciendo mucho, pero es el maestro quien hace mucho.

Así que el maestro sólo puede señalar algo. Tiene que trabajar con uno sobre muchas capas a la vez. Tiene que trabajar con el cuerpo de uno, mismo que uno no entiende porque uno está totalmente desconectado de su propio cuerpo, uno no sabe nada acerca de su cuerpo. Sólo conocemos nuestro cuerpo cuando sentimos hambre, dolor, enfermedad; eso es todo. Es el único contacto que uno tiene con su cuerpo. Uno no sabe qué fenómeno tan grande es su propio cuerpo.

El maestro tiene mucho que hacer con el cuerpo de uno porque, a menos que el cuerpo se transforme, lo más recóndito no se puede atacar. Y él lo debe de hacer de tal modo que uno no se dé cuenta que está haciendo algo con el cuerpo de uno porque, si uno se da cuenta, la conciencia misma del hecho generará obstáculos. Y el maestro no será capaz de hacerlo porque este es un fenómeno secreto del cuerpo; funciona cuando uno no está consciente de ello. Si uno toma conciencia, no funcionará.

Puedes hacer un experimento. Mañana, mantente consciente cuando comas y entonces mantente consciente de que el estómago está trabajando para convertir la comida en alimento viviente. Sé consciente a lo largo de veinticuatro horas y te sentirás enfermo, tu estómago estará perturbado. No podrá ser nutrido por el alimento, se convertirá en veneno. Tendrá que desecharlo completamente, el sistema completo estará perturbado.

Es por eso que uno necesita dormir. En horas de sueño, el cuerpo puede funcionar de mejor modo. Uno no está consciente. Si alguien está enfermo, el doctor se fijará primero si el sueño del paciente es bueno. Si no lo es, ninguna medicina será suficiente, no podrá ayudarlo. No puede ser auxiliado porque su cuerpo no puede funcionar —está demasiado consciente—. De modo innecesario, continuamos tantas enfermedades debido a esta conciencia. Una vez que el estómago está perturbado, uno se hace consciente de él. Entonces, el estómago se compone, pero la conciencia sigue; entonces, esta conciencia lo perturbará. Y se convertirá en un círculo vicioso —la conciencia de uno está perturbada por el estómago y el estómago está perturbado por la conciencia. Ahora ya no puede salir de ahí. Seguirá dentro del círculo y se convertirá en algo de por vida.

Un día, el sueño de uno está perturbado. Al otro día, uno está bien, pero ahora se ha vuelto consciente de que hay algún problema. Ahora, uno está pensando que quizá hoy tampoco llegará el sueño. Hoy se ha vuelto cociente de ello. El sueño no vendrá, uno está demasiado consciente. Ahora, a la mañana siguiente, uno estará aún más consciente.

Así que, con el cuerpo de uno, el maestro tiene que trabajar sobre muchas cosas a cerca de las cuales no te puede decir nada. Incluso el hecho de que el maestro lo toque a uno, generará algo. Incluso una mano sobre la cabeza generará algo. En épocas antiguas, con ancianos, era muy fácil. No estaban tan conscientes de su cuerpo. Con la conciencia del tiempo, hay un corolario correspondiente de conciencia del cuerpo. Yo digo que es conciencia de la muerte. En realidad, entre más consciente esté uno de la muerte, más estará consciente de su cuerpo.

Hoy en día, todo el mundo se ha vuelto tan consciente de su cuerpo, que a nadie se le puede tocar sin que se cohíba. En el momento en que alguien se vuelve cohibido, la caricia, el significado interior de ella, se detiene. Nos hemos vuelto tan sensibles, todos están constantemente al tanto de que nadie debe tocar a otro. Uno está parado en una multitud: todos se están tocando, pero en alguna parte de sí, todo el rato uno está tratando de que no lo toquen. Las cosas se han vuelto difíciles de esta manera, innecesariamente difíciles.

De tantas formas, yo debo crear mecanismos para cambiar tu cuerpo. En mis métodos de meditación, he añadido una parte catártica, sólo para cambiar el centro de tu cuerpo. Ningún método antiguo de meditación cuenta con esta parte añadida porque esa parte sólo la puede hacer el maestro. Antiguamente, el tacto del maestro, el solo hecho de tocar cualquier centro, podía haber provocado tanta catarsis. Pero ahora eso es muy difícil.

Por ejemplo, el maestro Zen sostenía un bastón con la mano. Lo golpeaba a uno con el bastón. Ningún occidental podía entender el significado de esto —ni siquiera los simpatizantes—.

Además, un maestro Zen no diría qué significa. No es sólo una golpiza, es martillar un centro particular. No es en absoluto una golpiza. Pero tiene que ocultarse. Él está golpeándolo a uno en cierta parte de la columna vertebral. Y si le dice a uno: "Estoy tocando este centro para ayudar a que tu cuerpo funcione de cierta manera", uno se sentirá cohibido. Él no dirá eso. Dirá: "Siento que tú estás somnoliento, así que te golpeo". Siempre que uno se sienta somnoliento, él vendrá a golpearlo a uno y esta golpiza es un truco oculto para camuflar el asunto. Uno pensará: "Me está golpeando". No estará consciente del centro que está siendo martillado. Ahora, eso tampoco se puede utilizar.

*Asanas* son utilizadas para cambiar la corriente interna de uno. Se utilizaban *mudras*, pero todo esto se tiene que practicar durante un tiempo muy prolongado. Hoy en día, nadie lo puede practicar durante tanto tiempo. Y tienen que practicarse en un ambiente muy aislado, no en el mercado porque cuando se practican ciertas *asanas* y *mudras*, ciertos centros se vuelven tan sensibles que uno debe permanecer aislado. De otro modo, uno experimentará muchas influencias perturbadoras e innecesarias en el interior —porque los centros están abiertos.

Así que el maestro tiene mucho que hacer con el cuerpo de uno, por medio de tantos métodos. Siempre depende de él inventar nuevos métodos porque los viejos métodos se han vuelto inútiles. Esto se debe al hecho de que, entre más se sabe, más cohibido se vuelve uno. Así que se deben utilizar métodos nuevos y sólo los que están iluminados pueden utilizar esos métodos nuevos. Todos aquellos que estén iniciando a otros y que no estén iluminados, tendrán que recaer en los viejos métodos porque no pueden inventar lo nuevo. Ni siquiera saben lo que significa lo viejo. Sólo conocen los gestos exteriores. Así que seguirán utilizando *hatha yoga*, *pranayam*; seguirán utilizándolos. Con cada nueva persona iluminada, este mundo se hace de nuevos mecanismos. De otra manera, no se puede hacer de nuevos mecanismos y cada nueva época necesita de mecanismos nuevos porque la mente ha cambiado.

Así que el maestro tiene mucho que hacer con el cuerpo de un iniciado, ese es el principio. La parte difícil es que el iniciado no debe darse cuenta. Por eso es importante vivir con un maestro, vivir en un *ashram*, dormir con un maestro —porque entonces el cuerpo es más vulnerable ante el trabajo del maestro, sin que el iniciado lo sepa—. Los maestros han utilizado sustancias intoxicantes para que uno entre en un estado de inconciencia, y así poder trabajar con el cuerpo de uno. La anestesia no sólo la utilizan los cirujanos. Los maestros también la han utilizado a su manera. Cuando uno está completamente inconsciente, el maestro puede trabajar. Y el trabajo que normalmente no se puede hacer en un año, puede hacerse en un momento porque el punto exacto puede tocarse, virarse, transformarse. La corriente entera puede cambiarse.

Entonces las cosas se vuelven más difíciles porque la energía que se ha de utilizar está en el centro sexual. Se vuelve aún más difícil. También eso es parte de todo el complejo. Me refiero a la conciencia del tiempo, la conciencia de la muerte, la conciencia del sexo, todas estas son partes del complejo. Entre más consciente esté uno de la muerte, más sexual se siente —porque el sexo es el antídoto—. El sexo es el principio de la vida y la muerte es el final. Si uno está más consciente de la muerte, estará más consciente del sexo. Sólo una sociedad que no está consciente de la muerte no estará consciente del sexo. Esto no significa que no será una sociedad sexual, sino que no estará consciente del sexo. El sexo será algo natural.

Uno puede ir a una sociedad primitiva y tocar el seno de una mujer y preguntarle qué es. Ella responderá de modo automático; ninguna referencia a la moralidad, ninguna referencia a una conciencia corporal, ninguna referencia al sexo. Ella dirá que es para amamantar al hijo.

La energía está en el centro sexual. Y nos hemos vuelto tan conscientes del centro sexual, lo protegemos de modo tan continuo y nos hemos vuelto tan tensos, que se hace más y más difícil ayudar. He creado muchos mecanismos nuevos y tengo que hablar de muchas cosas distintas desde tantas dimensiones. Por ejemplo, he hablado mucho acerca de moverse del sexo a la súper conciencia, sólo para relajarse. Si uno puede estar relajado en su centro sexual, si no hay tensión, la energía puede desatarse y moverse hacia arriba.

Para el iniciador, lo primero es ayudar a que el cuerpo de uno cambie. Tiene que cambiarse porque un nuevo fenómeno le sucederá al cuerpo de uno. Tiene que estar preparado para la nueva explosión que vendrá, misma que descenderá, para la energía nueva que pronto será el huésped de uno. Así que uno tiene que convertirse en anfitrión. Toda la disposición tiene que cambiar.

Esta disposición, tal y como existimos normalmente, no será propicia. Es una disposición biológica. Esta estructura del cuerpo, este patrón del cuerpo, es biológico. Sólo se utiliza como vehículo sexual. Todo el proceso es sólo para continuarlo. No se espera nada más del cuerpo de uno, en lo que respecta a la naturaleza, así que está dispuesto de esta manera. Ahora, uno no solamente quiere continuar la raza, sino que quiere cambiar todo el proceso biológico y crear una nueva dimensión totalmente no biológica, sino espiritual. Toda la estructura del cuerpo debe cambiarse.

Así que el maestro tiene que trabajar más con el cuerpo de uno, luego mucho con las emociones y luego mucho más con el intelecto. Esta es la parte consciente, exotérica. En la iniciación, el maestro le hará a las partes externas. Pero está la parte interna, lo esotérico. Eso se trabaja a través de masajes telepáticos, a través de los sueños, de visiones, de comunicación secreta. El intelecto es apaciguado de modo directo. Se le puede hablar directamente y ser apaciguado aunque a las emociones, no. Aquí, el maestro tiene que trabajar de modo indirecto. Se tienen que crear ambientes a través de los cuales las emociones cambian, se transforman.

Pero eso también es externo. Las emociones, el intelecto, el cuerpo, son el ser exterior del cuerpo. Uno reside adentro, el ser está más en el fondo. Ese ser también se ha de transformar. Eso se hace a través de caminos telepáticos, esotéricos, secretos. Se puede hacer uso de los sueños, los sueños son utilizados. Normalmente, uno no está consciente de sus sueños, pero el maestro, sí. El maestro está más interesado en los sueños de uno que en su estado de vigilia. La supuesta conciencia despierta es falsa. No es real, uno no está expresado en ella; uno sólo actúa. Los sueños son más reales.

Freud hizo uso de los sueños sólo por motivo de alguna tradición alquimista que llegó a sus oídos. Algo de algún círculo esotérico se divulgó accidentalmente. Él lo utilizó y creó toda una ciencia. Por supuesto que él no podía conocer los sueños de las personas directamente; tenía que hacer que confesaran, que mostraran su sueño, que lo recordaran, que hablaran acerca del sueño. Entonces, él lo podía analizar. Pero en la iniciación, el maestro conoce los sueños de uno. Puede entrar en los sueños de uno, puede ser testigo de ellos. Y entonces conoce cosas secretas acerca de uno, de las cuales uno mismo ni siquiera está consciente.

Edgar Cayce podía entrar en un coma inducido por la autohipnosis, a través del cual uno le decía algo acerca de sus sueños. Ahí están los eslabones perdidos. Él podía entrar en esos sueños en un estado de inconciencia. Podía ver el cuadro completo del sueño. Entonces, le decía a uno que estos eran los eslabones perdidos, que el sueño completo era tal. Y a uno le sorprende descubrir que nadie recuerda su sueño entero al despertar —es imposible.

En el momento en que la mente consciente se hace cargo, lo distorsiona todo porque el mensaje es del subconsciente. Está en contra de lo cociente, lo distorsiona, lo interpreta. Hace que falte algo, que se añada algo, y todo se vuelve un sinsentido. Uno dice que es sólo un sueño —insignificante—. Ningún sueño es insignificante; los sueños tienen un sentido más profundo que nuestros momentos de vigilia.

Así que el maestro tiene que trabajar con los sueños de uno. Y si no trabaja con los sueños, no puede trabajar para facilitar el despertar de uno porque la fuente que crea los sueños lo es todo. Tiene que ser destruida, tiene que ser desarraigada de la conciencia. El mecanismo entero de los sueños tiene que romperse, tiene que ser desarraigado por completo. Cuando es completamente desarraigado, en primera instancia, uno siente que ha perdido la capacidad de soñar, luego que ha perdido la capacidad de dormir. Uno dormirá, pero algo se quedará atento. En la mañana, el cuerpo se sentirá reparado, pero uno sabrá que ha permanecido consciente. Si se pierden los sueños, se pierde el sueño.

Quizá le sorprenda el hecho de que los sueños ayudan a dormir. Uno no puede dormir sin soñar. Los sueños ayudan a continuar el sueño. Por ejemplo, uno siente hambre mientras duerme, entonces el sueño se quiebra. El cuerpo lo quebrará: "¡Ve y come algo!" Uno siente sed; el cuerpo dirá: "¡Ve y toma algo!" Pero la estructura de los sueños ayudará; dirá: "Está bien". La estructura de los sueños creará un sueño. Uno bebe agua en su sueño y ya no hay necesidad de que se interrumpa el sueño. Uno ha tomado algo que era necesario. El sueño lo ha sustituido y uno puede entonces seguir durmiendo.

El despertador suena, son las cinco de la mañana y uno debe levantarse. La estructura de los sueños creará un sueño. Uno está en un templo y suena una campana. La alarma que suena afuera ha sido transferida y forma parte del sueño. Ahora, la campana suena en el templo, ahora no hay necesidad de levantarse, uno puede seguir durmiendo.

El sueño es una ayuda para seguir durmiendo; de otro modo, uno no puede dormir. El sueño será quebrado tantas veces porque hay tantas cosas sucediendo al exterior del cuerpo que el cuerpo no puede tolerar. Incluso un mosco perturbará el sueño, pero los sueños también pueden ayudar en ese caso. Se podrá crear un sueño y la música del mosco se volverá música en el sueño. Entonces, uno puede seguir durmiendo y soñando.

Así que toda la estructura de la conciencia de los sueños, debe ser desarraigada, y el maestro debe de trabajar en torno a eso. Y cuando destruye todo el mecanismo de los sueños, sólo están abiertas las puertas interiores y él se puede comunicar directamente. Entonces, ya no hay necesidad del lenguaje, no son necesarias las palabras. Se puede comunicar directamente. Y cuando hay comunicación directa sin palabras, la verdad puede ser revelada ante uno, mas no puede serlo de otro modo. Así que la parte más esotérica tiene que ver con la conciencia de los sueños —tiene que ver con cambiarla.

Algo de esto puede llegar a divulgarse accidentalmente y eso ha ocurrido muchas veces. Hay incluso ciencias que se han basado en una sola divulgación, en un solo punto que ha venido del mundo esotérico. Uno puede crear una ciencia con base en ese único punto. Será una ciencia defectuosa, siempre imperfecta. El análisis de Freud jamás puede ser perfecto porque no conoce la cuestión completa. Se ha topado, se ha tropezado con un solo punto. Lo ha trabajado completamente, pero el punto mismo es sólo una parte. El todo no se conoce.

Cuando la conciencia de los sueños se ha desechado, comienza el verdadero trabajo esotérico. El maestro puede tomarlo a uno de la mano y conducirlo a cualquier parte —a cualquier realidad, a cualquier profundidad de este universo—. Pero de eso no se puede hablar, no puede discutirse. Los maestros han conducido a sus discípulos al cielo, al infierno, a todo recoveco del universo, a todo planeta, a dimensiones elevadas. Pero eso puede suceder sólo cuando la conciencia de los sueños se ha ido completamente. Uno no puede proyectar nada, uno tiene que convertirse en pantalla. Entonces, este mundo será distinto para uno porque uno mismo será distinto. Este mundo seguirá igual, pero uno no estará proyectando nada.

Y aún hay muchas cosas por las cuales, si a ti te interesa, tendrías que entrar. No puedes ser informado acerca de estas cosas. Te pueden ser dadas a conocer. Yo te puedo ayudar, puedo trabajar contigo, puedo impulsarte hacia una dimensión interior. Pero no te puedo informar. Incluso todo lo que te informo ahora es más de lo que se permite jamás. Pero yo te puedo informar acerca de muchas cosas acerca de las cuales jamás se ha permitido informar porque siempre omito algunos puntos clave. No los puedes trabajar.

Algo siempre falta —no para mí, sino para ti—. Siempre falta algo, a menos que el fenómeno te suceda a ti mismo. Entonces, todo estará completo, todo estará vinculado. Yo hablo acerca de muchos vínculos. Siempre habrá algunos vínculos que falten, mismos que serán puestos en su lugar sólo a través de tus esfuerzos. Hablo de estos vínculos desvinculados para que tú estés convencido de que debes trabajar muy duro. Entre más duro trabajes, más hablaré de los vínculos que faltan. Pero el vínculo más importante jamás será discutido. Sólo puede experimentarse. Pero yo estoy preparado para ayudarte a experimentarlo y la naturaleza de las cosas es tal que sólo se puede experimentar.

Haz tu parte y recuerda que es capaz de hacer tu parte. Cuando seas capaz de ser iniciado, el maestro llegará. El maestro está ahí. Siempre han existido maestros. El mundo nunca ha carecido de maestros, siempre ha carecido de discípulos. Pero ningún maestro puede comenzar algo a menos que alguien se rinda. Así que, cuando sea que tengas un momento para rendirte, no lo pierdas. Aunque no encuentres a nadie ante quien rendirte, simplemente ríndete ante la existencia. Pero cuando sea que se presente el momento para rendirte, no lo pierdas porque entonces estarás en la orilla entre el sueño y la vigilia. ¡Sólo ríndete!

Si tú logras encontrar a alguien, eso es bueno. Si no encuentras a nadie, simplemente ríndete ante el universo. Y el maestro aparecerá, llegará. Se da prisa cuando hay rendición. Uno se vuelve vacío; espiritualmente, se vuelve vacío. Entonces, la fuerza espiritual se precipita hacia uno y lo llena. Así que siempre recuerda que cuando sea que sientas el deseo de rendirte, no pierdas el momento. Quizá no vuelva a llegar, o podrá llegar después de que varios siglos y varias vidas hayan sido desperdiciadas innecesariamente. Cuando sea que llegue el momento, simplemente ríndete.

Pero la mente tiene un truco. Si uno está enojado, estará enojado en ese momento. Pero si uno siente el deseo de rendirse, lo pensará, lo planeará, esperará. Y con la mente, siempre es sólo un momento en el que está en el límite. Así que simplemente ríndete ante lo divino, ante cualquier cosa, incluso ante un árbol, porque lo que importa no es ante quién te rindas —lo que importa es que te rindas—. Ríndete ante un árbol y ese árbol se convertirá en tu maestro. Muchas cosas te serán reveladas a través del árbol, que ninguna escritura podría revelar.

Ríndete ante una piedra y esa piedra se convertirá en un dios. Y la piedra revelará cosas que ningún dios podría revelar. Lo verdadero es rendirse. Cuando hay rendición, siempre aparece alguien que se hará responsable de uno. Esto es lo que se quiere decir con iniciación.

# Capítulo 8

# Yo soy la puerta
※

*Los teósofos han hablado de distintos grupos de maestros que existen de modo físico o no físico. ¿Cuántos de estos grupos existen hoy en día? ¿Cuáles son estos grupos esotéricos y de qué modo influyen en los buscadores y en la actividad del mundo? Por favor háblanos de tu relación con estos grupos esotéricos de maestros.*

El conocimiento espiritual se enfrenta a muchas dificultades para poder existir. La primera dificultad es que no puede ser expresada de modo adecuado. Así que aunque alguien llegue a conocer, no es capaz de expresarlo con exactitud. Lo que se ha conocido no puede ser transferido fácilmente. Alguien sabe algo, hay buscadores que quieren saber, pero el conocimiento no puede comunicarse. El sólo hecho de que uno quiera saberlo y que alguien sea capaz de decírselo, no significa que la comunicación sea posible. La naturaleza misma del conocimiento espiritual es tal que en el momento que uno intenta expresarlo, siente que no puede ser expresado. Así que para expresarlo o comunicarlo, hacen falta los grupos esotéricos.

Un grupo esotérico es un grupo especialmente entrenado para recibir un sistema particular de conocimiento. Podemos trazar una analogía: Einstein se refirió muchas veces al hecho de que no existían más de media docena de personas en el mundo con quienes él podía comunicarse. Hablaba de conocimiento matemático, no acerca del conocimiento espiritual. Pero era un hecho. Ni siquiera media docena de personas realmente existían con quienes Einstein pudiera hablar fácilmente, puesto que en las matemáticas, Einstein había llegado a unos niveles tales que no podía comunicarse con símbolos matemáticos comunes.

Aunque Einstein intente comunicar su conocimiento, uno lo escucharía pero no lo entendería, puesto que escuchar no es lo mismo que entender. Y cuando uno no lo entiende, es altamente probable que lo malentienda, puesto que del entendimiento al no entendimiento, hay un fenómeno intermedio que es lo malentendido. Nadie está preparado para aceptar que no ha entendido algo. Cuando no hay entendimiento, no significa que haya no entendimiento. En el noventa y nueve por ciento de los casos, significa que hay un malentendido, puesto que nadie está preparado para decir que no ha entendido. Todos dirán que han entendido y lo que sigue es el malentendido.

Las matemáticas no son un conocimiento esotérico y no se preocupan por lo inexpresable. Las matemáticas han existido de modo continuo a lo largo de cinco mil años. Miles y miles de mentes son entrenadas en las matemáticas. Toda universidad en todas partes del mundo, las enseñan, toda escuela primaria enseña matemáticas. Con tanto entrenamiento, con tanto conocimiento, tantas facultades en tantas universidades enseñando las matemáticas, Einstein aún dice: "Sólo existen seis personas a quienes les puedo comunicar lo que sé". Si uno puede entender esto, entonces puede entender la dificultad de comunicar las experiencias espirituales.

Un grupo esotérico también significa un grupo que está especialmente entrenado para un maestro particular. El fenómeno es raro, un buda sucede sólo después de miles de años. Y si hay un suceso como Buda, ¿cómo logrará comunicarse? Buda estará ahí, el mundo estará ahí, pero sin significado alguno. Buda no puede comunicar de modo directo, así que un grupo esotérico, un grupo interno, es entrenado. El entrenamiento es para que este grupo pueda actuar como mediador entre Buda y el mundo. Un grupo especial es entrenado para interpretar a Buda ante·el mundo, puesto que entre un buda y el mundo, hay una brecha tan grande, que un buda no sería entendido en absoluto.

Quizá es importante referirse en este momento a Jesús. Jesús sufrió porque no había ningún grupo esotérico. Buda no sufrió porque hubo un grupo esotérico. Jesús tuvo que ser crucificado porque la brecha era tal que la gente común no lograba entenderlo. Lo malentendieron. Tenía que suceder porque no había ningún grupo entre Jesús y las masas comunes. No había mediador entre ambos, así que Jesús sufrió. En la India, ni Buda ni Mahavira sufrieron; nadie fue crucificado. Eran tan capaces como Jesús, pero Jesús tuvo que ser crucificado porque no existía ningún grupo esotérico. Los malentendidos eran inevitables. Cualquier cosa que dijera Jesús era malentendido.

Por supuesto que Jesús tenía seguidores, pero eran seguidores de entre la gente común. Todos sus discípulos principales provenían de las masas de gente común, sin entrenamiento esotérico alguno. Lucas y Tomás eran campesinos provenientes del sector social común y carente de educación. Amaban a Jesús, lo sentían, pero no podía entenderlo, así que hubo muchos momentos en que le hacían preguntas muy infantiles. Por ejemplo, un discípulo le pregunta a Jesús: "¿Cuál será nuestra posición en el reino de Dios? Tú estarás a un lado del alma divina. ¿Dónde estaremos nosotros? ¿Cuál será la posición?" No podían entender lo que Jesús había querido decir con el reino de Dios. Eran personas comunes.

Este grupo esotérico no se puede crear de modo súbito. Buda sucede de modo súbito, pero este grupo no se puede crear de modo súbito. Así que los países que han sido espirituales a lo largo de miles de años, poseen grupos esotéricos como una continuidad, como una tradición. Y cuando llega a darse este tipo de suceso, el grupo comienza a trabajar.

Ashoka creó un grupo que sigue en existencia —un grupo de nueve personas—. Cuando una persona muere, otro lo reemplaza, así que el grupo sigue aún hoy en día. Cuando uno del grupo se muere, los ocho que quedan eligen a alguien para reemplazarlo. Esta persona será entrenada por los ocho miembros, así que el entrenamiento continúa. Las personas cambian pero el grupo permanece y sigue en existencia hoy en día, puesto que se espera una reencarnación de Buda. Puede llegar en cualquier momento. Y cuando Buda está ahí, no se puede crear el grupo de un momento a otro, puesto que este grupo de adeptos esotéricos es creado a través de un largo entrenamiento y disciplina. No es un suceso súbito.

Tantos grupos se han creado. A veces continúan un tiempo y luego se desvanecen poco a poco. A veces continúan un tiempo y desaparecen porque hay tantas dificultades. ¡Hay tantas dificultades! Este grupo de los nueve discípulos de Ashoka continúa hoy en día porque hay muchas condiciones que le ayudan para seguir. Una es que jamás entra en contacto directo con las masas. Tiene otros grupos intermedios. Siempre permanece desconocido, oculto. Uno nunca puede saber dónde están. Y cualquier persona que sea iniciada en el grupo desaparece del mundo de uno desde el momento en que es iniciado —desaparece por completo. Entonces, ya nunca más se sabe nada de él, el grupo puede continuar en el anonimato.

Este grupo tiene muchas llaves y muchos métodos. A través de esas llaves y métodos, sigue trabajando de muchas formas. Es un grupo cuyos miembros están en un cuerpo físico, están tan vivos como cualquiera de nosotros. Al hacerse miembro del grupo, una persona no puede volver a ser elegida en otra vida. Trabajará como un vínculo entre el grupo y las masas. Esto crea otro círculo alrededor de los nueve, un círculo más grande, puesto que muchas personas ya han sido miembros del grupo. Conocen a Buda de modo directo, conocen a los adeptos esotéricos de modo directo. Tienen tanta experiencia que pueden permanecer dentro de las masas y seguir trabajando con el grupo. Pero no serán miembros de él. Cuando alguien de este grupo no nace en esta tierra, cuando está sin cuerpo físico, si permanece en una existencia sin cuerpo, aún sigue trabajando.

Hay tantos adeptos que no están en este cuerpo físico, quienes siguen trabajando. Los teósofos les llaman maestros —como el Maestro Koot Humi. Estos son nombres ficticios, pero se refieren a una personalidad particular, a una individualidad. Son nombres ficticios, pero se refieren a un alma particular no corporal que está ayudando.

Este Maestro Koot Humi, uno de los adeptos más antiguos del círculo de los nueve de Ashoka, creó todo el movimiento de la teosofía. Intentaban crear una situación en la que la encarnación futura de Buda pudiera ser posible, puesto que Buda había dicho que volvería a nacer después de veinticinco siglos y que su nombre sería Maitreya. Y una persona iluminada como Gautam Buda es capaz de saber quién será iluminado dentro de veinticinco siglos. Así que Buda predijo y es para esto que el círculo de los nueve de Ashoka, ha estado trabajando durante siglos. Ahora, se acerca la hora, así que el movimiento de la teosofía fue sólo una preparación.

Fracasó, el experimento fracasó. Experimentaron con tres o cuatro personas para que fueran los vehículos para que descendiera Maitreya, pero el experimento fracasó. Algo falló. A veces, estaba al borde del éxito y algo sucedía. Krishnamurti estaba listo, completamente listo, para ser un vehículo. Todo estaba listo. Se acercó al púlpito para rendirse y para vaciarse de tal modo que Maitreya pudiera entrar. Pero en el último momento, lo negó todo. Nadie a su alrededor se podía imaginar que eso sucedería. Ni siquiera había un indicio de que Krishnamurti, al dar el paso final, fracasaría y volvería. Y es por eso que después de ese fenómeno, después de ese suceso en el cual volvió, durante toda su vida, de modo continuo a lo largo de cuarenta años, Krishnamurti ha estado enfatizando la individualidad: "¡Sé un individuo!"

Esto tiene un significado. Toda la preparación era para perder la individualidad propia, puesto que de otro modo, uno no puede convertirse en vehículo. "¡Sé como si no fueras! Ríndete completamente ante las fuerzas más allá de ti". Él negó esa rendición al estar justo en el borde del salto. Todo estaba listo. Un solo paso y Maitreya hubiera estado en el mundo. Pero el último paso no pudo ser dado. Krishnamurti volvió. Dijo: "Soy yo mismo". Es por eso que toda su filosofía se convirtió en: "No te rindas, no sigas, no creas, no seas discípulo". Todo esto no es más que racionalización y consolación.

Ha estado trabajando de modo continuo a lo largo de cuarenta años, a partir de ese paso que no pudo darse. Aún hoy en día, no ha salido de ahí. El arrepentimiento está ahí, la herida está ahí. Así que la teosofía fracasó con Krishnamurti y se convirtió en un movimiento muerto, puesto que el movimiento existía sólo para la materialización de este suceso. Se volvió insignificante. La casa había sido construida pero el amo nunca llegó a habitarla. Después del rechazo por parte de Krishnamurti para convertirse en el vehículo para Maitreya, la teosofía no tenía sentido. Continúa, lo mismo que una resaca, pero no existe algo sustancial.

Todo este movimiento fue creado por los adeptos de Ashoka. Siguen trabajando. De tantas formas, siguen trabajando. Y detrás de nuestra supuesta historia hay una historia, misma que usted no podrá siquiera concebir. La historia tiene una base más profunda. La periferia que conocemos como la historia no está compuesta de eventos reales. Detrás de nuestra supuesta historia, yace otra, una más profunda, acerca de la cual no sabemos nada.

Por ejemplo, todos hemos escuchado acerca de Hitler, de su nacismo, de todo su movimiento, de sus intentos desesperados por hacer algo. Pero nadie sabe que hay algo oculto detrás. Hitler sólo era un vehículo para otras fuerzas. Ahora hay atisbos de que él no era el actor real del drama. Fue sólo el medio, fue utilizado. Alguien más estaba detrás de él, otras fuerzas estaban trabajando. Por ejemplo, la decisión de utilizar la suástica, el símbolo del partido de Adolfo Hitler —el símbolo más viejo, más antiguo, de una escuela particular de adeptos.

En la India, uno de los grupos más antiguos es el de los *Jains*. La suástica es su símbolo, pero no exactamente como lo era con Hitler. El diseño de la suástica de Hitler estaba al revés. La suástica de los *Jains* es en dirección de las manecillas del reloj; la de Hitler era en dirección contraria de las manecillas del reloj. Esta suástica en dirección contraria de las manecillas del reloj es un símbolo destructivo. Buscaron a lo largo de tres años, intentando elegir un símbolo, puesto que un símbolo no es únicamente un símbolo. Si uno puede tomar el símbolo de una tradición más profunda, el símbolo se convierte en un vínculo. Así que personas fueron enviadas al Tíbet para descubrir uno de los símbolos más antiguos de la raza aria, porque con ese símbolo, mucho de lo que está oculto puede contactarse.

La suástica fue elegida, pero en reverso. Y Hessenhoff, la persona que encontró el símbolo, convenció a Hitler de que debía ser utilizada al revés. Él era una de las personas que estaba en contacto con muchos grupos esotéricos, pero estaba confundido. Buscaba dos cosas: primero, un símbolo que fuera muy antiguo; en segundo lugar, buscaba un símbolo que podría renovarse. Por esto, se eligió la suástica y se utilizó al revés. Previo a esto, nunca había sido utilizada de esa manera pero, debido a esto, los eventos tomaron del todo otra forma.

Y con este símbolo en reverso, era sabido en todo el mundo entre aquellos que estaban en contacto con cualquier tipo de conocimiento esotérico, que Hitler se destruiría a sí mismo. Se volvería loco; entraría en contacto con fuerzas suicidas.

Todo el concepto de la filosofía de Hitler fue otorgada por algunas escuelas ocultas. Lo utilizaron así como Krishnamurti iba a ser utilizado por los teósofos y los grupos ocultos. Hitler siguió ganando hasta cierto punto, hasta cierto momento. Sólo ganaba, no había derrota. El asunto era fenomenal, parecía que podía ganarlo todo, parecía imposible de derrotar. Pero al cabo de un tiempo, todo comienza a ir en reversa. ¿Por qué sucedió esto?

Las fuerzas que estaban en contra de Hitler lo derrotaron, pero esa no es la verdadera historia. Eso sólo fue el fenómeno externo. Hitler fue utilizado por un grupo esotérico. Este fue uno de los esfuerzos más desesperados porque este grupo esotérico había tra-

173

bajado durante siglos pero no podía ayudar a la humanidad del modo en que deseaban ayudarla. Este fue un esfuerzo desesperado para ayudar a la humanidad antes de que la humanidad se destruyera a sí misma. Lo habían intentado por medio de santos, por medio de personas sin poder, quienes eran pobres de espíritu. Intentaron por medio de Adolfo Hitler ganarse al mundo antes de que se destruyera y para darle cierta lección a la humanidad.

Pero tal y como Krishnamurti se independizó en el último momento, Hitler también se independizó. Comenzó a caer. Este es el milagro de la historia de guerra. Nunca había sucedido antes. Hitler no acataba los consejos de ningún general. Se movía o atacaba, pero no aceptaba los consejos de ningún general. E incluso en contra de los consejos de todos sus elementos más entrenados, actuaba y se movía como quería y, aún así, ganaba. Hubo movimientos absurdos, movimientos sin sentido. Nadie con conocimiento de guerra hubiera hecho esos movimientos. Pero Hitler los hizo y ganó a lo largo de tres años.

Todos los que lo rodeaban sabían que sólo era un vehículo para alguna fuerza mayor. No se podía explicar de otra manera. Y cuando daba una orden, no estaba en su mente consciente. Este es un nuevo hecho que se ha dado a conocer sólo ahora. Cuando daba una orden, estaba extático. Cerraba los ojos, comenzaba a temblar, sudaba y luego su voz cambiaba del todo. Otra voz daba la orden. Pero el día en que comenzó a caer, su propia voz comenzó a dar las órdenes. Desde ese momento en adelante, nunca estaba en éxtasis. Algún contacto que había estado trabajando, se había perdido.

Todos aquellos que estudian a Adolfo Hitler y su vida, sienten que el fenómeno no era meramente político. La persona misma no era meramente un maniático político, no era sólo un político loco, puesto que todo lo que hacía era totalmente no político —todo su enfoque—. Aquellos que habían permanecido a su lado sentían que tenía una personalidad múltiple. En sus momentos normales, era tan normal que uno no podía creerlo.

No había magia; era simplemente común y corriente. Pero cuando estaba dominado, cuando estaba poseído, era una personalidad del todo distinta.

¿Quién estaba detrás de esto? Algún grupo esotérico estaba detrás de esto y ese grupo intentaba hacer algo. Cuando Hitler se independizó, perdió todo su poder. En sus últimos días, era meramente común y corriente. Después de este momento específico, cuando perdió contacto, todo lo que hacía se volvía en su contra. Antes de eso, todo lo que hacía le resultaba a favor.

El mismo grupo acerca del cual te hablaba, los nueve de Ashoka, estaba detrás de esto. Intentaban capturar al mundo entero. Con el hombre, siempre existe la posibilidad de que si se comienza a trabajar con alguna fuerza que le empuja desde atrás, uno mismo no está consciente de ello. Si se tiene éxito en algo, no se está consciente de que es otro el que está teniendo éxito. Uno tiene éxito, el ego se fortalece. Y llega un momento en que el ego está tan fortalecido, que uno no escuchará a esa fuerza. Esto ha sucedido muchas veces.

Este grupo esotérico, como te había mencionado, funciona principalmente como una continuidad para cuando se presenta una necesidad. De muchas formas, pueden ayudar. El hecho de que Japón se amistara con Alemania, no era mera coincidencia. Fue por motivo de este grupo de nueve personas. Este es el hecho oculto. El grupo esotérico que estaba trabajando detrás de Hitler era un grupo budista, por lo cual un país budista como Japón podría ser influenciado para apoyar a Hitler. Y todo el Este se sintió alborozado cuando Hitler estaba ganando. Todo el Este estaba con Hitler interiormente. El grupo que trabajaba detrás de él era un grupo de Este.

Nada sucede por accidente, todo tiene un vínculo causal que lo precede. Cuando sucede un maestro como Buda, el trabajo principal de un grupo esotérico es el de ayudar a convertirse en mediador. Otro trabajo realizado por estos grupos es el de preservar el conocimiento una vez que se ha obtenido. Buda obtuvo algo supremo, pero, ¿quién lo preservará? La preservación a través de los libros no es preservación porque el conocimiento es algo viviente y los libros son algo muerto. Sólo las palabras pueden ser preservadas, mas no el conocimiento. El conocimiento puede ser preservado sólo por personas vivientes, no por los libros, puesto que los libros tendrán que volver a ser interpretados y, ¿quién los interpretará? Tendrán que ser decodificados de nuevo, y, ¿quién los decodificará? Y si alguien logra decodificarlos, interpretarlos de modo correcto, esa persona puede comunicar el mensaje sin necesidad de los libros. Y aquellos que dependen de los libros no podrán interpretar correctamente.

Uno no puede leer ningún libro que no conoce de algún modo. Uno sólo se puede leer a sí mismo, y nada más. Así que, si uno lee el *Dhammapada* de Buda, no es el *Dhammapada* de Buda lo que esta leyendo, sino que lee su propio *Dhammapada*. Ahora, uno será el creador. Ahora, la profundidad de uno se convertirá en la profundidad de las palabras de Buda. Uno no puede ir más allá de sí mismo, no puede tener ningún atisbo más allá de sí mismo.

Así que cuando el conocimiento se obtiene —sutil, fundacional, máximo— no puede ser preservado en libros. Sólo el conocimiento común se puede preservar en libros que no pueden ser malinterpretados, a través de los cuales cualquier escuela común lo puede entrenar a uno. Si uno conoce el lenguaje, lo puede aprender, pero el conocimiento supremo no puede ser preservado de esa forma. Puede ser preservado sólo en las personas vivientes; por ende, en grupos esotéricos. Entonces, está siendo transferido de una persona viviente a otra. Y esa transferencia no es como una transferencia mecánica. No es mecánica, no puede serlo. Es lo mismo que un arte.

Te contaré una historia… una muy esotérica…

Hay una historia budista acerca de un ladrón experto. Era tan eficiente, era tan experto, que no podía ser atrapado. Y cuando entraba a robar a alguna casa, dejaba atrás algo que demostraba que el ladrón experto había entrado. Su arte se volvió tan famoso que si entraba a robar a alguna casa, los demás se celaban porque el ladrón experto sólo entraba a las casas de quienes consideraba meritorios de su destreza.

Incluso el emperador mismo quería conocerlo. Todo se anunciaba; cuando estaba a punto de robarle a alguien, se extendía un rumor. A la persona elegida para ser víctima del robo se le notificaba de alguna forma que el ladrón experto estaba por llegar: "Usted puede hacer los arreglos que le plazcan y entonces, en el día tal, en el momento tal, habrá un robo". Y jamás se atrapaba al ladrón.

Entonces, el ladrón envejeció y su hijo le preguntó: "Ahora estás viejo y no sé siquiera lo primero acerca de tu arte. Permite que me entrene".

El padre dijo: "Es muy difícil. No es una ciencia, no es un conocimiento técnico. Yo no te lo puedo decir a menos que nazcas ladrón, sólo entonces sería posible. Es tan artístico, es un arte creativo. Yo lo he vivido. Esto no ha sido un mal para mí, sino que ha sido mi espíritu. Así que ya veremos".

Una noche, le pidió a su hijo que lo siguiera. Fueron a un palacio. El ladrón rompió la pared. Tiene sesenta y cinco o setenta años, pero sus manos no tiemblan. Y el hijo es joven, fuerte, pero suda. La noche está fría; el hijo tiembla".

Su padre dice: "¿Por qué tiemblas? Sólo sé testigo. Yo soy el ladrón; tú sólo tienes que ser testigo. ¿Por qué tiemblas?"

Pero entre más trataba de dejar de temblar, más temblaba. Y su padre trabaja como si estuviera en su propia casa.

Entonces entraron al palacio. El ladrón abrió un candado y le dijo a su hijo que entrara. El hijo entró y el ladrón cerró la puerta tras él y cerró el candado. Entonces, el padre hizo tal cantidad de ruido, que todos los que dormían adentro de la casa, despertaron. Entonces, huyó y dejó al hijo encerrado adentro. Toda la casa buscaba al ladrón. Puedes tú imaginarte lo que le podría estar sucediendo a ese joven.

El padre se fue a su casa. La noche estaba fría. Simplemente se recostó en su cama y descansó. Al cabo de dos horas, el hijo llegó corriendo. Tiró de la sábana del padre y le dijo: "Casi me matas. ¿Es así como pretendes entrenarme?"

El padre lo miró y dijo: "Bien, estás de vuelta. ¡Bien! No me cuentes la historia, es irrelevante. No entres en detalles. Estás de vuelta; eso es bueno. El arte ha sido transferido. No me cuentes cómo llegaste aquí. Basta con que estés de vuelta. El arte ha sido transferido".

El hijo se siente incómodo pero dice: "Déjame decirte, antes que nada, que casi me matas. ¡Qué cruel eres con tu único hijo!"

El padre le dice: "Dime lo que sucedió, no lo que hiciste. ¿Qué sucedió después de que cerré la puerta?"

El hijo dice: "Simplemente me convertí en otra persona. ¡La muerte estaba tan cerca! Nunca antes había sentido tanta energía como la que llegó a mí en ese momento. Todo estaba en juego —vida o muerte—. Me volví tan intensamente consciente. Nunca había estado tan consciente, simplemente me convertí en la conciencia misma porque cada momento era precioso. Por aquí o por allá, todo llegaría a su fin. Entonces, una sirvienta pasó por la puerta, con una vela en la mano —y preguntas bien—: ¿Qué pasó? Porque no puedo decir que lo hice yo. De alguna manera, hice ruidos como si fuera un gato lo que estaba adentro. Así que ella abrió la perta y se asomó con la vela. No puedo decir que yo haya hecho algo. Sólo sucedió.

"Simplemente apagué su vela de un soplido, la empujé y corrí. Corrí con tal fuerza que no puedo decir que corría. El correr me sucedía —no era yo—. No era yo en absoluto. Sólo había una fuerza que me movía. Me siguieron y pasé por un pozo profundo. Sucedió. No puedo decir que lo haya hecho yo, pero tomé una piedra y la arrojé al pozo. Todos rodearon el pozo, pensaban que el ladrón había caído al pozo. Y ahora aquí estoy".

Pero el padre estaba profundamente dormido. Ni siquiera había escuchado la historia. En la mañana, dijo: "Los detalles son irrelevantes. El arte no puede ser contado, sólo mostrado con ejemplos vivientes, con comunión constante".

El conocimiento supremo puede ser trasferido y preservado. Y a veces estos grupos esotéricos preservan el conocimiento durante siglos, para una persona a quien se espera para que este conocimiento le pueda ser transferido.

Por ejemplo, Mahavira tuvo cincuenta mil monjes. Todos no pudieron ser iluminados durante su vida, así que muchos permanecieron de algún modo sobre el camino. Mahavira no volverá a estar en este mundo, así que aquellos que están en alguna parte de este camino deben ser proveídos de mayores conocimientos. ¿Quién los proveerá? Mahavira no estará aquí.

No se puede recaer en escrituras porque son absurdas. Algunas personas tendrán que interpretarlas, pero no pueden interpretar más allá de su propia comprensión, por lo cual no tiene sentido. Tiene que haber un grupo que preserva las llaves que pueden ser entregadas a personas con un estado mental determinado; de otro modo, se extraviarán o tendrán que luchar innecesariamente o tendrán que cambiar de maestro.

Cuando alguien cambia de maestro, tiene que comenzar de nuevo porque nada de lo del viejo sistema puede ser utilizado en el nuevo. Nada de lo de este camino puede usarse en aquél —todo camino tiene su propia unidad orgánica—. Aquello que es significativo en el camino de Mahoma, no lo es en el camino de Mahavira, aquello que es significativo en el camino de Buda no lo es en el de Jesús. Así que si alguien viene del camino de Buda o del de Jesús, tendrá que comenzar de nuevo. Todos los esfuerzos de vidas pasadas serán desechados. Eso no es bueno; es un desperdicio total.

Así que cuando el maestro no es, estos grupos esotéricos preservan el conocimiento y ese conocimiento comienza a funcionar como maestro. Pero ese conocimiento sólo puede ser preservado por personas vivientes. De estas nueve personas del círculo de Ashoka, cada uno es adepto en una llave particular. Individualmente, ninguno tiene todas las llaves. Cada uno es especialista en una llave particular. Y el grupo estaba compuesto de nueve personas porque Buda había hablado de nueve puertas, nueve llaves, nueve tipos de conocimiento.

Así que cada una de estas personas es adepta en una llave solamente. Sólo sabe acerca de una puerta. Aquellos que quieren entrar por esa puerta, pueden ser auxiliados por esta persona. Buda puede saber de nueve. Pero cada una de estas nueve personas no puede saber acerca de las nueve llaves, saber acerca de una llave de una puerta, es suficiente. No se necesita entrar por nueve puertas. Una puerta será suficiente; uno estará adentro.

Cada uno de estos nueve adeptos tiene una llave. Cada uno sabe todo acerca de una puerta, de un camino meditativo. Y cuando se presenta una necesidad, ese ayudará. La ayuda puede ser directa, la ayuda puede ser indirecta, pero esta persona ayudará. Cuando llegue un buda nuevo o alguien iluminado, este grupo preparará el terreno. Prepararán a la gente para que lo escuche, para que lo entienda. Si no hubiera hecho terreno, todo maestro sería crucificado —crucificado porque no habrá grupo para ayudar a la gente para que lo entienda.

También hay otros trabajos que realizan los grupos esotéricos. A veces pasa que la humanidad se olvida de aquello que era previamente sabido. En alguna parte de *El libro de los muertos*, el libro egipcio dice: "La ignorancia no es más que olvido". Algo que era sabido ha sido olvidado. Nada es nuevo, sino que algo ha sido olvidado. Cuando uno lo llega a saber de nuevo, parece que se trata de algo nuevo. Muchas llaves se han perdido en muchas ocasiones —a veces, porque no hay grupos esotéricos que las preserven.

A veces, el grupo está ahí, pero nadie está preparado para ser iniciado en el conocimiento. Entonces, el grupo esotérico no puede hacer nada más que preservar. A veces, la preservación también se vuelve imposible porque no es algo tan fácil. Si alguien de un grupo de nueve, muere, no es fácil reemplazarlo, puesto que el reemplazo no se hace por medio de ningún tipo de elección. No es democrático. El conocimiento no puede depender de la democracia, sólo la ignorancia puede depender de ella.

El conocimiento siempre es autocrático —siempre—. No se puede decidir por medio de la elección quién encabezará la comisión atómica. Y cuando se decide de esa manera, se decide por el suicidio propio.

El conocimiento siempre es autocrático. Nunca es de abajo, siempre es de arriba. Observa esta distinción con claridad. Y todo lo que viene de abajo forzosamente será ignorancia. Así que la política es ignorancia por excelencia. Viene de abajo. Aquel que está en lo más bajo elige a aquel que está en lo más alto. ¿Y a qué me refiero con lo más alto? Lo que está en lo más bajo decide en torno a lo que está en lo más alto, por lo cual lo más alto debe de estar más abajo que lo más bajo. Así que en una democracia, los líderes no son más que seguidores de sus propios seguidores, y el conocimiento no puede depender de esto. El conocimiento siempre se da desde arriba y es, por lo tanto, autocrático.

Los grupos esotéricos mantienen llaves, preservan el conocimiento. Pero en el momento en que alguien se vuelve capaz de recibir un sistema de conocimiento particular, un secreto particular, esa llave se le entrega. Hasta que alguien esté listo, el grupo tiene que esperar; tiene que esperar, incuso durante siglos. Y es muy difícil reemplazar a una de estas personas. No puede ser decidido por los otros. Los ocho que quedan tienen que encontrar a una persona capaz, e incluso una persona capaz tiene que ser entrenado antes de entrar al grupo. A veces, el grupo trabaja sobre una persona a lo largo de varias vidas, hasta que la persona se vuelve capaz de reemplazar a un miembro. Y si no se encuentra a alguien, esa llave se pierde y esa llave no puede volver a ser hallada por este grupo esotérico. Sólo se puede hallar cuando sucede una persona como Buda. El grupo esotérico sólo puede preservar, comunicar. No puede descubrir, el descubrimiento no está dentro de su capacidad.

Así que se pierden muchas llaves. Muchos grupos han trabajado y siguen trabajando. Los rosacruces han sido un grupo paralelo en Occidente. Ha trabajado durante siglos. En realidad, no es un grupo cristiano, es más antiguo que los cristianos. Los rosacruces son del grupo esotérico de la Rosa Cruz. La cruz no es sólo el símbolo cristiano, puesto que es más antigua que Cristo.

Cristo mismo fue iniciado por un grupo esotérico conocido como los Esenios. Todos los días festivos cristianos —por ejemplo, el día de pascua o el 25 de diciembre— son más antiguos que Cristo. El cristianismo sólo absorbió la tradición antigua. Jesús mismo pertenecía a un grupo esotérico que le transmitió muchas cosas que él mismo intentó comunicarle a las masas.

También se intentó preparar el terreno para Jesús, pero no pudo ser preparado. No pudo funcionar bien. Pero todos sabemos que Juan Bautista vino antes que Jesús. En el Río Jordán, estuvo durante treinta o cuarenta años con una sola enseñanza: que "yo soy el precursor. El verdadero aún está por venir. Yo sólo he venido a preparar el terreno y cuando él venga, yo desapareceré".

Bautizó a gente en el Río Jordán, permaneciendo en la orilla a lo largo de cuarenta años. Solo bautizaba a todos, e iniciándolos a todos para el verdadero que habría de seguirle.

Todos preguntaban: "¿Quién ha de venir?" Todo el país estaba alborotado por motivo de "aquel que ha de venir". El nombre no lo conocía siquiera Juan Bautista. Él también tenía que esperar. Él pertenecía a los Esenios. Cristo había sido uno de los miembros iniciados importantes del grupo de los Esenios durante su vida pasada. Entonces, Jesús llegó con Juan Bautista para ser bautizado y, el día en que Jesús fue bautizado, Juan Bautista desapareció para siempre. Bautizó a Jesús en el Río Jordán y, poco después, jamás volvió a ser visto.

Este suceso se convirtió en una gran noticia para el país, que había llegado el nuevo, puesto que durante cuarenta años seguidos, Juan Bautista había estado diciendo: "Cuando llegue el verdadero, lo bautizaré como el último y entonces simplemente desapareceré". Juan Bautista desapareció. El bautismo es precristiano. El bautismo estuvo ahí antes que Cristo, entonces, comenzó el cristianismo.

Juan Bautista pertenecía a un grupo esotérico: los Esenios. Hay tantos grupos, pero la dificultad es siempre que alguien ya no está ahí y nadie lo puede reemplazar. Entonces, hay un vínculo perdido. Ese vínculo perdido aparece en toda enseñanza y cuando aparece un vínculo perdido, uno no puede ser auxiliado por ese grupo porque esos espacios vacíos no se pueden llenar. Hoy en día, hay vacíos en el cristianismo, muchos vacíos. Hay vacíos en toda enseñanza. Si se pierde una parte, no puede ser reemplazada a menos que una persona como Jesús vuelva a suceder. Eso no es predecible, eso no puede ser preparado, eso no se puede planear. Pero un grupo de buscadores iniciados puede ser planeado y creado, y pueden ser utilizados cuando haya alguien capaz de utilizarlos.

Estos grupos esotéricos no se ocupan únicamente de este mundo. Ahora, incluso los científicos están de acuerdo en que al menos cincuenta mil planetas además de la tierra deben de tener vida. Es posible que haya más, pero no es posible que haya menos. En un universo tan grande, por las leyes ordinarias de la probabilidad, al menos cincuenta mil planetas deben de tener vida. El grupo esotérico tiene otra tarea que llevar a cabo: vincular el conocimiento de un planeta con el de otro. Eso es un poco más difícil, puesto que no lo sabemos todo. Nos puede estar faltando algo que era sabido. Puede que sepamos algo sólo de modo parcial. En otro planeta, puede haber mayor conocimiento; en otro planeta, puede haber ahora otro Buda. El grupo esotérico trabaja como un vínculo interno entre distintos sistemas de conocimiento que existen en cualquier parte del universo. Así que los vínculos perdidos pueden ser suministrados por otros planetas. En realidad, siempre sucede así.

Cuando falta algo y no podemos invocar a una persona sobre esta Tierra para que aparezca y la descubra, el conocimiento

puede ser suministrado por otro planeta, si es que existe en alguna parte y siempre existe en alguna parte. El grupo esotérico
puede estar en contacto con todo lo que existe en el universo
entero. Este trabajo es tan valioso como alguien de una universidad que visita a un pueblo primitivo. El pueblo primitivo no
sabe nada, el hombre de la universidad sabe. Este hombre puede
entrenar al primitivo para recibir conocimiento. Entonces
puede entregarlo y siempre puede seguir estando en contacto
con su fuente de conocimiento. Esto es sólo una analogía.

Muchas veces, este planeta ha sido visitado por otros seres
planetarios. Han dejado tantas marcas. A veces, han dejado muchas llaves de conocimiento en este planeta, con algún grupo.
Esos grupos han estado trabajando. Los grupos esotéricos son
interplanetarios, pero falta algo, así que no puede ser entendido
por medio de la descripción.

Cada época ha tenido que diseñar sus propios métodos, ningún
método viejo puede serle útil a uno. Uno ha cambiado, su mente
ha cambiado. La llave cabía dentro del candado viejo pero el candado ha cambiado. Los grupos esotéricos sólo pueden preservar las
llaves, mas no los candados, puesto que los candados están con uno.
¿Lo entiendes? Los candados están con uno —no con Buda, no con
Jesús—. Ellos tienen llaves. Diseñan llaves, llaves que abren muchos candados. Estas llaves pueden ser preservadas por los grupos
esotéricos pero, mientras tanto, los candados están cambiando.

Uno no es el mismo candado que abrió Buda. La misma llave, tal y como estaba, no será suficiente. Si la misma llave fuera
suficiente tal y como está, cualquier persona ignorante la podría
usar. Entonces, no hace falta ninguna sabiduría, cualquiera la
puede usar. Yo puedo entregarte la llave simplemente y tú vas y
abres el candado; no necesitas sabiduría para hacerlo. Esto sería
suficiente: esta es la llave y ese es el candado. Pero como los
candados están cambiando constantemente, las llaves deben de
ser entregadas a un grupo sabio —para poder diseñar nuevas llaves que siempre estén en sintonía con los candados.

Los candados seguirán cambiando. Nunca serán los mismos. Así que no sólo se preservarán las llaves muertas, sino que también se preservará la ciencia para cambiar las llaves cuando haya algún cambio en el candado. Eso es preservado por grupos esotéricos. No se puede preservar en libros porque los candados no se conocen. Cambiarán y seguirán cambiando. Ningún libro puede ser escrito acerca de todos los candados posibles, acerca de todas las combinaciones de candados. Seguirán cambiando. La condición cambia, la educación cambia, la cultura cambia, todo cambia, así que los candados se vuelven distintos. Sea como sea que se preserve una llave, siempre será defectuosa de alguna manera. No encajará en el candado. Así que la llave debe de ser entregada a un grupo viviente de sabios quienes siempre podrán cambiar la llave. Esa es la diferencia entre el conocimiento esotérico y la tradición exotérica.[4]

La tradición exotérica siempre cargaba con la llave sin referencia alguna al candado. Sigue hablando de la llave vieja; jamás se da cuenta que ningún candado se está abriendo con esa llave. Pero la tradición exotérica consiste en gente común y corriente como los miembros de la Iglesia cristiana. La Iglesia carga con la llave. Ellos saben que esta es la llave que abrió muchas puertas en la época de Jesús. Su conocimiento es correcto; su información es correcta; por supuesto que esta llave ha abierto muchos candados. Cargan con la llave y veneran la llave, pero ahora no abre ningún candado. No pueden diseñar otras llaves, no tienen tiempo para diseñar otras llaves; tienen sólo una llave. Siguen venerándola y, si no puede abrir ningún candado, entonces es culpa del candado. Entonces, el candado debe de tener alguna falla, entonces, algo anda mal con el candado y no con la llave.

La tradición exotérica siempre está condenando al candado y venerando la llave. El grupo esotérico nunca condena al can-

---

[4] *Exóterico* signifca "común, conocido o accesible", en oposición a *esotérico*: "Oculto, secreto o reservado".

dado, siempre cambia la llave. El Vaticano carga con la llave. Ellos tienen la llave y siguen venerándola. Pero el cristianismo también tiene sus grupos esotéricos internos. Y esto siempre sucede —el grupo esotérico estará en conflicto con el exotérico porque el exotérico insistirá en que la llave que se tiene es suficiente—. Esta llave no es para uno, sino que uno es para la llave. Uno debe de comportarse de tal forma que esta llave pueda abrir el candado. La llave no se puede cambiar; uno es el que debe cambiar. Pero si alguien dice: "Podemos cambiar la llave", se convierte en un infiel, se convierte en un hereje. Entonces, debe ser matado por el sinsentido que está diciendo: "Cambió la llave —la llave que nos dio Jesús, que nos dio Buda, que nos dio Mahavira—. ¡Esta llave no se puede cambiar!"

Así que siempre recuerda que cuando hay un maestro, un auténtico y verdadero maestro que descubre algo, hay dos corrientes que parten de él: una se vuelve exotérica —la Iglesia visible con el papa, el *shankaracharya*, lo ortodoxo—. Siempre insisten en que se use la misma llave. Jamás piensan que la llave no significa nada si no puede abrir ningún candado. Pero entonces, no es siquiera una llave: una llave sólo significa aquello que abre.

Si no está abriendo ningún candado, es falaz llamarle llave. Es una falacia lingüística. No es en absoluto una llave, sólo se convierte en llave cuando se abre un candado. Cuando uno coloca algo en su bolsillo, no es una llave, sólo es una llave probable. Cuando abre un candado, se convierte en la llave. Si no abre ningún candado, incluso pierde esa probabilidad.

Las iglesias visibles siempre están obsesionadas con la llave porque la llave fue entregada por un maestro auténtico. Pero todo maestro auténtico también crea un grupo interno. Ese grupo interno tiene la llave y el conocimiento de cómo cambiar la llave dadas ciertas circunstancias. Este círculo interno siempre estará en conflicto con el externo porque el externo pensará que uno es inferior al querer cambiar la llave que nos dio el maestro: "¿Quién eres tú? ¿Cómo puedes cambiarla?" Por ejemplo, en el

Islam, algunos sufís tenían conocimientos esotéricos, pero los mahometanos los mataron. Mansoor fue asesinado porque hablaba de hacerle cambios a la llave.

El grupo esotérico siempre está interesado en el candado, no está obsesionado con la llave. El grupo exotérico está obsesionado con la llave pero no le interesa en absoluto el candado. Si el candado abre, es bueno; si no abre, uno es el responsable. La llave nunca es responsable.

Los mahometanos tienen muchas órdenes sufí, círculos internos, grupos internos. Los mahometanos pensaban que habían trabajado de modo muy rebelde, así que muchos sufís fueron asesinados. Entonces, finalmente, tuvieron que desaparecer, así que ahora hay sufís, pero uno no los puede conocer. Alguien puede ser un barrendero; uno jamás podrá detectar que este hombre puede ser un sufí. A menos que alguien lo presente ante uno como tal, uno jamás se dará cuenta. Puede estar visitando la casa de uno diariamente y, aún así, uno jamás se dará cuenta que se trata de una persona que tiene una llave.

Puede ser un simple zapatero. Seguirá haciendo zapatos y uno puede pensar que aquellos sentados su alrededor sólo están siendo entrenados en el arte de hacer zapatos. Hay algunos clientes pero, de hecho, puede haber entre ellos algunos discípulos que no están siendo entrenados sólo en el arte de hacer zapatos. Este asunto de hacer zapatos es sólo una fachada. Adentro, sucede otra cosa.

Los sufís tuvieron que desaparecer por completo porque la tradición externa no los toleraba. Los asesinaba "porque si estos de adentro continúan, la tradición externa no tiene futuro; pierde todo su sentido".

Sólo es un maestro aquel que se ha descubierto a sí mismo, que ha diseñado una llave él mismo, que ha conocido la fuente del conocimiento él mismo, que se ha enfrentado a la realidad él mismo. Entonces, siempre se forman dos escuelas. A veces, algunos maestros no permiten ningún grupo exotérico. En la época de Buda, había otros siete maestros del mismo rango que él. Quizá no haya sabido ni siquiera sus nombres. Sólo se conoce uno de estos nombres: Mahavira. Los otros seis son totalmente desconocidos. También tenían llaves —conocimiento, tanto como Buda y Mahavira— pero jamás permitieron que se formara ningún grupo exotérico a su alrededor. Sólo el círculo interior continuó de alguna manera, en algún lugar.

Uno de esos hombres fue Prabuddha Katyayan, otro fue Purna Kashyap, otro fue Ajit Keshkambal, todos ellos del mismo nivel, del mismo rango, del mismo conocimiento interno que Buda y Mahavira. Sus nombres son conocidos sólo porque Buda los ha mencionado a todos, sólo por eso. No hay escritura alguna, grupo de seguidores alguno, templo alguno, iglesia alguna, aunque aún así, ellos siguen de modo muy sutil y oculto. Y nadie puede decir que estas personas no hayan ayudado a muchos; han ayudado. No son conocidos para muchos, pero han ayudado a tantos como lo ha hecho cualquier buda.

El nombre de Buda es conocido; el mundo entero sabe de él. Pero entre más sabemos de él, menos lo podemos utilizar. Él también tiene círculos internos que funcionan. Sólo estos son significativos. Pero siempre han entrado en conflicto con la orden religiosa externa. Y la orden externa siempre es una fuerza porque las masas están con ella. Siempre hay un conflicto.

Buda creó un círculo muy cerrado. Creó su círculo con una persona de nombre Mahakashyapa. Este nombre sólo se menciona en una ocasión. Sariputra y Modgalayan eran sus discípulos principales de la orden exotérica; sus nombres se conocen alrededor del mundo, tienen lugares santos. Pero la llave verdadera y auténtica se la dio a Mahakashyapa —no a Sariputra ni a Modgalayan—. Pero su nombre se menciona en una sola ocasión, una sola vez en todas las escrituras budistas.

Narraré el incidente...

Buda llegó un día, con una flor en la mano. Iba a dar un sermón. Pero no dio ningún sermón, sólo se sentó en silencio y miró su flor. Todos se preguntaban qué hacía. Esto siguió durante diez minutos, veinte, treinta minutos... Entonces, todos comenzaron a sentirse inquietos. Nadie era capaz de saber lo que hacía. Se habían reunido —al menos diez mil personas— para escucharlo hablar. Y él sólo permanecía sentado, mirando la flor.

Mahakashyapa rió. Buda lo miró y dijo: "Mahakashyapa, ven a mí". Le entregó la flor a Mahakashyapa y dijo: "Todo aquello que puede decirse, se los he dicho a todos. Y todo aquello que no puede decirse, se lo he entregado a Mahakashyapa". Nunca antes o después de esta historia, se hace mención de Mahakashyapa —ni de quién era ni en dónde nació.

¿Por qué es tan silente la escritura en torno a él? Alguien tan importante a quien Buda dice: "A Mahakashyapa le he entregado todo aquello que no puede decirse". Por supuesto que lo esencial aquí es "aquello que no puede decirse". Sólo lo no esencial se puede decir, sólo lo superficial se puede decir, sólo lo utilitario se puede decir. La transferencia más significativa del conocimiento es posible sólo en el silencio. Pero en ninguna parte se vuelve a mencionar este nombre y durante siglos, nadie supo qué había sido de Mahakashyapa. Pero luego, después de mil cien años, una persona en China declaró: "Estoy en contacto directo con él, en la cadena directa de Mahakashyapa".

Después de mil cien años, alguien en China declaró: "Pertenezco a Mahakashyapa. Soy su discípulo". Esta persona era Bodhidharma. Nació en la India y vivió en la India las tres cuartas partes de su vida. Nadie sabía de él —dónde estaba o qué estaba haciendo—. De pronto, surge en China y dice: "Pertenezco a Mahakashyapa, el hombre a quien Buda le entregó la flor. Y yo tengo la flor en mi posesión, fresca aún".

Por supuesto que está hablando sobre algo que no puede estar sino fresco. Alguien pregunta: "¿Dónde está esa flor?" Bodhidharma responde: "Él está parado frente a ti —yo soy esa flor—.

189

Esta flor fue transferida de Buda a Mahakashyapa y yo he venido a buscar a la persona indicada porque ahora he de morir. Este es mi último nacimiento, así que he viajado de la India a China con cierta información en torno a alguien que está aquí a quien se le puede entregar la flor. Así que he venido en busca de él. Pero esa misma fuente de información me ha informado que yo no he de llegar a él, sino que él ha de llegar a mí. Así que lo esperaré".

¿A qué se refiere con esta "fuente de información"? Los grupos esotéricos siguen informando a las personas que necesitan ser informadas. Bodhidharma dijo: "Pero esa misma fuente me ha informado que no soy yo quien lo debe buscar", puesto que a veces, la búsqueda directa se convierte en interferencia. Si yo llego a tu casa, sería muy distinto a que tú llegaras a la mía. Si yo llego a tu casa, tú estarás cerrado ante mí; si tú vienes a mí, estaré abierto. *Tú* has venido".

Bodhidharma dijo: "Esa misma fuente de información me ha dicho que yo he de esperar y esa misma fuente me ha dado ciertas indicaciones en torno a cómo saber quién es la persona a quien se le debe entregar la flor". Así que permaneció sentado durante nueve años, de cara a la pared. Muchas personas llegaron con él. Incluso el emperador de China, Wu, fue a verlo, pero Bodhidharma no le dio la cara. Se quedó mirando la pared.

El cortesano de Wu intentó convencer a Bodhidharma de que el emperador estaba por visitarlo y que era muy poco digno, muy descortés el sentarse frente al emperador con la cara a la pared. Bodhidharma le dijo: "Yo no soy quien irá a ver al emperador, el emperador vendrá a verme a mí. Es él quien elige venir a ver al descortés. Trátese o no de Bodhidharma. Él es libre. Yo no soy quien lo ira a ver a él".

El emperador supo que Bodhidharma había dicho: "Yo no soy quien lo irá a ver. Él vendrá a verme a mí, así que él debe de elegir. Si quiere venir, debe de venir a verme tal y como soy". Wu fue a verlo. Tenía que ir; se había vuelto una obsesión. No podía saber si valía la pena ir a visitar al hombre; fue a verlo.

Bodhidharma estaba sentado de cara a la pared. Wu le preguntó: "¿Por qué está de cara a la pared? ¿Por qué no me mira? ¿Por qué no mira a los demás?"

Bodhidharma respondió: "He estado de cara a usted y a los demás durante toda mi vida, pero en sus ojos jamás vi nada más que una pared muerta, así que decidí que es mejor estar de cara a la pared. Uno está tranquilo, pues uno sabe que lo que hay es una pared. Cuando uno está de cara a otro y siente que está una pared, se vuelve más difícil. Puedo hablar con usted más fácilmente porque está detrás y no lo estoy viendo".

Durante nueve años seguidos, Bodhidharma estuvo de cara a la pared. Llegó la persona para la cual tenía cierta información. Esa persona, Hui Neng, llegó. Se cortó la mano, se la entregó a Bodhidharma y dijo: "Dése la vuelta completa o me cortaré la cabeza". Y Bodhidharma se dio la vuelta completa, le dio la cara a Hui Neng y le dijo: "Le entrego la flor. He estado esperando. Una cierta fuente de información me dio las indicaciones —'la persona vendrá, se cortará la mano, la colocará frente a usted y si usted se dilata, él se cortará la cabeza'—. No tenga prisa. Estoy listo para entregarle las cosas por las cuales he viajado de la India a China".

Ese culto secreto ha florecido ahora para convertirse en el culto exotérico de Zen. Budismo Zen es sólo un culto exotérico que se ha formado en torno a la tradición esotérica de Bodhidharma. Ahora, todo aquello de lo que habla Suzuki o los demás alrededor del mundo, proviene del conocimiento exotérico, más no del esotérico. Ahora eso ha vuelto a ser oculto; ha desaparecido de nuevo. Pero la corriente está ahí, continúa y por eso hay tantos círculos esotéricos; existen por muchas razones.

Tú me preguntas de qué modo estoy conectado con cualquier grupo esotérico. Si uno está en contacto con uno, puede estar en contacto con todos. Sólo es cuestión de sintonía. Si la radio de uno puede funcionar con una estación, no hay ninguna dificultad para que funcione con otra. Si el mecanismo funciona de modo correcto, uno puede captar cualquier estación del mundo. Si uno está en contacto con un grupo esotérico, puede estar en contacto con todos. Es posible que no quiera estar en contacto, es posible que lo quiera, pero una vez que se conoce el modo de sintonizar, uno puede estar en contacto. Y muchas veces, uno se topa con una escuela secreta pero pierde la oportunidad, pierde el vínculo.

Lo que estoy diciendo es, en muchos sentidos, esotérico. Por eso muchas veces lo que digo se vuelve muy confuso para ti. Cualquier enseñanza exotérica jamás es confusa, es muy clara. Es como dos más dos son cuatro, siempre es algo sencillo. Pero lo esotérico, lo interno, el secreto, es difícil de comprender porque el entendimiento de uno se perturba con cualquier conocimiento nuevo que ha de ser absorbido.

Cualquier conocimiento que ya se tiene puede ser absorbido con facilidad. Se puede convertir en parte de uno; se puede digerir con facilidad. Cualquier cosa que sea nuevo para uno es difícil de digerir. Y ningún conocimiento esotérico puede entregarse en términos matemáticos. Debe entregarse de modo místico, debe entregarse de modo poético. Entonces se torna viviente. Significa muchas cosas a la misma vez.

Yo he estado en contacto con muchos grupos esotéricos. He conocido a muchas personas que aún viven y que pertenecen a algún grupo. He conocido muchas llaves que fueron entregadas por maestros auténticos. Pero ninguna llave de la tradición antigua es suficiente, así que estoy diseñando llaves nuevas. Porque estoy diseñando llaves nuevas, no estoy directamente interesado en algún grupo esotérico particular, puesto que cada grupo esotérico se interesa por y está a cargo de la preservación de una llave específica. A mí no me interesa alguna llave específica. Me interesa diseñar nuevos métodos, nuevas técnicas, nuevas llaves, puesto que todas las llaves viejas se han vuelto de cierto modo irrelevantes.

Hay algo que debe entenderse: todas esas llaves fueron desarrolladas en un mundo que era local, siempre local. Por primera vez estamos en un mundo que es del todo no local, que es universal. En realidad, por primera vez, estamos en un mundo. Antes, siempre estábamos confinados a un lugar particular del mundo. Todas esas llaves se desarrollaron para condiciones y culturas particulares y locales. Ahora, por primera vez, el mundo es de cierto modo un desorden revuelto. No hay cultura particular, no hay costumbres particulares. Todo está mezclado. Y pronto, será más y más el caso. Pronto habrá el ciudadano del mundo sin procedencia local, sino con procedencia universal.

En las próximas décadas, necesitaremos —ya necesitamos— llaves universales. Por ejemplo, la llave de Jesús era para un grupo judío específico. Esto es una verdadera ironía de la historia, que Jesús haya inventado una llave, que haya desarrollado una llave para la mente judía y que, ahora, los judíos están en su contra. Y aquellos que siguen a Jesús están en contra de los judíos. Pero la llave fue específicamente diseñada para una mente con costumbres judías. En mi opinión, Cristo puede ser utilizado con más facilidad por un judío que por un cristiano porque el cristiano es un brote posterior; Jesús jamás conoció a un cristiano. Él mismo no era cristiano, era judío. Pero esta es la ironía de nuestra historia.

Buda diseñó una llave para una mente específica. Ahora, esa mente específica sólo existe en la India, pero esta llave no está en ningún lugar de la India. Existe en China, en Japón, en Ceilán, en Birmania y en el Tíbet, pero no en la India. Y Buda diseñó una llave para una mente hindú específica. Él era hindú de nacimiento y murió siendo hindú. Nunca conoció a un budista. Así que la llave se desarrolló para una mente hindú. Y entonces, alrededor de la llave, se desarrolla una secta que está en contra del hinduismo. Entonces, la llave se vuelve irrelevante. No es de utilidad para nadie, salvo para una mente hindú específica. Pero esta es la ironía de la historia. Siempre sucede así.

Así que estoy luchando y desarrollando llaves que son, de cierto modo, universales —no para una cultura local particular, sino para la mente humana como tal—. Y pronto nos harán falta; esas llaves locales no bastarán. Tampoco bastará ninguna amalgama, como tampoco todas estas llaves utilizadas de modo conjunto. Eso tiene aún menos sentido. Uno está abriendo un solo candado con tantas llaves: algo del Corán, algo de la Biblia, algo de Buda, algo de Mahavira. Y hay muchas personas con muy buenos deseos que hacen mucho mal. Hablan de la unión de todas las religiones. Eso es hablar de la unión de todas las llaves para abrir un solo candado —¡la unión de todas las llaves!—. Una sola basta y demasiadas llaves no nos harán capaces de abrir un candado. Una persona pudo haberlo abierto pero ahora demasiadas personas no lo abrirán.

Todas estas son llaves locales que se desarrollaron en un mundo que estaba dividido. No había mente universal. Nunca la ha habido, en lo que respecta a nuestro supuesto conocimiento de la historia. A veces, este fenómeno de la mente universal llega a suceder pero esto está más allá de nuestra civilización, más allá de nuestra memoria. A veces este fenómeno de la mente universal ha llegado a suceder en el pasado, pero lo hemos olvidado por completo.

Por ejemplo, le contaré un par de cosas. En Inglaterra, cambian la fecha a la medianoche. Eso no tiene ningún sentido, en realidad. Es absurdo, nadie se despertaría sólo para cambiar la fecha. Es ilógico e impráctico. La fecha se debe de cambiar en la mañana —es sentido común—. Uno siempre cambia su calendario en la mañana. Pero, ¿por qué se ha hecho de esta manera? Hay un secreto.

En la India, cuando son las 5:30 de la mañana, es la medianoche en Inglaterra. Hubo una época, previo a esta civilización, en que el concepto hindú reinaba en todo el mundo. Así como cuando el imperio británico reinaba al mundo entero y el horario Greenwich era el horario verdadero; todos se referían a él. Ahora, con la caída del imperio británico, el horario Greenwich está casi olvidado. Dentro de diez o quince mil años, nadie sabrá de ese horario.

Hubo un mundo antes de Mahabharat —una guerra prehistórica de la India— cuando la mente hindú reinaba al mundo entero. Cuando era por la mañana en la India, era la hora de cambiar la fecha. En Inglaterra, era la medianoche, así que cambiaban la fecha del calendario en ese momento. Eso continuó.

Le sorprenderá saber que en Inglaterra el parlamento creó una ley especial hace trescientos años para comenzara el año el primero de enero. Antes de eso, el año terminaba el 25 de marzo. ¿Pero qué significa que el año termine el 25 de marzo? No tiene ningún significado. Pero ese era el día en que terminaba el año en la India. En la India, el año termina el 25 de marzo y era así en el mundo entero. Tuvieron que crear una ley especial para cambiarlo.

La palabra 'diciembre' significa el décimo mes, pero es el duodécimo. La palabra diciembre proviene de *dush*: 'diez' en sánscrito. ¿Pero, por qué es ese el duodécimo mes? Es el décimo del año Indio. La tradición *antigya* había continuado; el calendario inglés provino de la India.

La última semana de diciembre es conocida alrededor del mundo como *Xmas*.[5] X es el número diez romano y *mas* significa 'mes' en sánscrito. *Xmas* significa el décimo mes, significa 'diciembre'. ¿Pero, por qué? Diciembre no debía de ser el décimo mes. Pero lo ha sido en el calendario Indio, antes de que sucediera Mahabharat, hace aproximadamente cinco mil años.

En Mahabharat, que también significa una escritura prehistórica de la India, tenemos una historia en la que Arjuna estaba casado con una chica mexicana. La palabra Sánscrita *maxika* se convirtió en México. Y en México, la civilización que existía tiene tantos símbolos hindúes que uno no puede más que decir

---

[5] *Xmas* es una forma abreviada, utilizada en inglés, para referirse a 'Navidad': *Christmas*. Pese a que esta abreviatura no se utiliza en castellano, se ha dejado el término como tal debido al análisis posterior que hace Osho con respecto al mismo.

que era una civilización hindú. La totalidad de la civilización mexicana era hindú —templos hindúes, dioses hindúes—. Incluso se encontraba la deidad Ganesh, aunque ahora, es casi como si nunca hubiera sido.

Hemos legado de nuevo a un mundo universal en el cual Arjuna se puede casar con una mujer mexicana. Pronto, de nuevo no habrá culturas locales. Para esta cultura no enfocada tenemos que diseñar llaves nuevas y más líquidas —menos sólidas y más líquidas que pueden ser utilizadas con muchos candados.

He conocido a muchos grupos esotéricos —en esta vida y antes—. He estado en contacto con muchos grupos esotéricos pero no te puedo decir dónde están. No te puedo decir sus nombres porque no está permitido, además de que no tiene caso, realmente. Pero te puedo decir que aún existen, que aún tratan de ayudar.

Algunos grupos aún están muy vivos —por ejemplo, el grupo de Ashoka—. Si Ashoka ha hecho algo más significativo que cualquier emperador en cualquier parte del mundo, ha sido el crear este grupo esotérico de nueve personas. Akbar trató de imitar a Ashoka de muchas formas. Creó un grupo de nueve personas, pero no tuvo caso. Eran sólo cortesanos: Nava Ratna, las Nueve Joyas de Akbar. Pero eran sólo joyas de imitación, exotéricas. Alguien era poeta, alguien era guerrero, y eso no tiene sentido. Pero Akbar sabía de alguna parte que Ahoka tenía un grupo de nueve personas sabias, así que creó un grupo de nueve joyas. No sabía todo acerca del grupo de Ashoka.

El grupo de Ashoka ha persistido a lo largo de dos mil años. Aún está vivo con la llave, aún está trabajando. Todo el movimiento teosófico se inició por este grupo. Por eso, en la teosofía, Buda se convirtió en el ser más supremo. Y toda la teosofía era de cierto modo budista o hindú. Por eso en países de Occidente se pensaba que había un esfuerzo en Oriente para convertir al Occidente —que sólo se trataba del hinduismo trabajando con vestimenta nueva—. Esto tiene algo de cierto, puesto que el grupo que inició la teosofía era un grupo budista.

Tú también puedes estar en contacto con algún grupo esotérico. Hay técnicas y métodos. Pero, entonces, tendrías que trabajar mucho sobre ti mismo. Tal y como estás ahora, jamás podrías estar en contacto. Pasarías por un lado de un grupo esotérico y ni siquiera lo podrías detectar. Tendrías que cambiarte a ti mismo, sintonizarte a nuevas dimensiones, para sentir nuevas vibraciones; tendrías que ser sensible.

Entonces no me preguntarías: "¿Ha estado en contacto con algún grupo esotérico?" Lo sabrías simplemente al estar cerca de mí, lo sabrías simplemente al mirarme a los ojos. Lo sentirías simplemente al escuchar mis palabras, o incluso al escuchar mi silencio. Entenderías. Pero eso vendrá sólo si te cambia a ti mismo, si te sintonizas a la nueva realidad —si te abres a nuevas dimensiones.

Los grupos esotéricos están y siempre han estado ahí. Sólo uno mismo está cerrado —cerrado de pensamiento, cerrado en el pensar, cerrado dentro de uno mismo— sin ventana, sin puerta. El cielo está ahí —sólo hay que abrir la ventana y se conocerá el cielo y las estrellas—. No importa lo lejos que estén, con sólo abrir la ventana propia que está tan cerca, uno puede entrar en contacto con estrellas muy lejanas. De cierto modo, es ilógico. Por el simple hecho de abrir una ventana, ¿cómo se puede entrar en contacto con estrellas distantes? Si yo te digo: "Abre esta puerta que está detrás de ti y entrarás en contacto con el universo entero", tú dirás: "Es absurdo. Al sólo abrir esta ventana que está tan cerca, ¿cómo puedo entrar en contacto con aquello que está tan lejano?" Pero así es. Abre una ventana en tu mente, haz una ventana meditativa y estarás en contacto con tantas luces lejanas, con tantos sucesos que siempre están alrededor.

A la vuelta de la esquina, muy cerca de uno, todo está sucediendo. Pero uno está ciego o dormido o simplemente no se da cuenta. Yo estoy aquí; tú no puedes concebir lo que está sucediendo aquí. ¡No lo puedes concebir!

Yo era alumno de una universidad. El vicerrector habló en alguna celebración de aniversario. Yo era únicamente un alumno de primer año. El vicerrector dijo: "Quisiera haber estado vivo en la época de Gautama el Buda, me hubiera rendido a sus pies".

Yo interferí y dije: "Por favor reconsidérelo. Por favor reconsidérelo de nuevo y entonces, hable. ¿Realmente se hubiera rendido a los pies de Buda? ¿Se ha acercado a algún mendigo en esta vida? Buda era un mendigo. ¿Se ha acercado a alguien que sea un maestro, un maestro del mundo invisible? Que yo sepa, usted jamás se ha acercado a ninguno de los dos, así que por favor reconsidere si en efecto, de haber vivido en la época de Buda, se hubiera rendido a sus pies, si lo hubiera siquiera reconocido. ¿Ha reconocido a alguien en esta vida?"

El vicerrector estaba sobrecogido, confundido, calló. Luego, dijo: "Retracto mis palabras porque jamás lo había pensado bien. Simplemente lo dije. En realidad, nunca me he acercado a alguien, así que parece perfectamente lógico que jamás me hubiera acercado a Buda. Y aunque hubiera pasado por su lado, ni siquiera lo hubiera volteado a ver. Y aunque lo hubiera volteado a ver, no lo hubiera reconocido, puesto que no todo aquel que entraba en contacto con Buda lo reconocía. ¿No es así?"

Buda pasaba por algún pueblo… y nadie lo reconocía. Su propio padre no lo reconoce, su propia esposa no lo reconoce.

Yo estoy aquí; tú no puedes reconocer lo que está adentro. Sólo se conoce lo que está afuera. Sólo se acerca a lo que está afuera. Así es como debe ser. Tú no estás en contacto con tu propia interioridad, así que ¿cómo se supone que pueda estar en contacto con la mía? Es una imposibilidad. Sería fácil si estuviera en contacto con tu propia interioridad. Entonces podría estar en contacto con mi interioridad, o con la interioridad como tal. Cuando no es así, tú puedes seguirme preguntando y yo te sigo respondiendo. Entonces, todo punto se pierde.

Pero yo te respondo, no para que tú obtengas la respuesta de mi respuesta. No, jamás lo esperaría, jamás esperaría que mi respuesta se convirtiera en tu respuesta. Sé muy bien que mi respuesta no tiene utilidad alguna para ti. ¿Pero, entonces, por qué sigo respondiendo a tus preguntas? Sigo respondiendo, no para que mi respuesta se convierta en la tuya, sino porque si tú me puedes escuchar en silencio y de modo total, en ese escuchar silencioso, te toparás directamente con tu propia interioridad. Súbitamente, puede explotar ante ti; súbitamente, puedes estar en otro mundo, completamente distinto a cualquiera en el que has estado viviendo. Y si eso sucede, has entrado en una nueva existencia.

Esa nueva existencia es la tuya propia. Es un secreto interior y esotérico. Esa existencia tiene todas estas cosas.

# Capítulo 9
# Incluso en un solo momento
## ☀

*Lo siguiente es parte de un discurso impartido por Osho en Bombay, India, basado en la entrevista de un discípulo.*

El despertar es posible incluso en un solo momento. En ese momento, uno puede explotar hacia lo divino. Es posible, pero generalmente nunca sucede. Uno tiene que luchar a lo largo de muchas vidas seguidas porque la tarea es ardua y uno no puede despertarse a sí mismo. Es muy parecido a esto: si uno está dormido en la mañana, existe toda posibilidad de que uno pueda soñar que está despierto, aunque no estará despierto.

Un grupo de personas decide de modo colectivo llevar a cabo un esfuerzo determinado. Entonces, es más probable que se rompa el sueño. Así que el despertar es en realidad un trabajo de equipo. Puede suceder de modo individual y cada individuo es capaz de hacerlo por sí solo, pero nunca sucede así. El trabajo en sí es distinto, puesto que nunca trabajamos a nuestra máxima capacidad. Nunca trabajamos más allá de un diez por ciento de nuestra mente. El noventa por ciento es puro potencial; jamás se utiliza.

No hay ninguna diferencia entre soñar despierto y soñar dormido, el sueño sucede de modo interior. Este despertar, esta conciencia que todos poseemos es sólo superficial. Muy adentro, hay un sueño y éste continúa.

Así que uno puede tener dos cosas: o es posible el trabajo individual, o es necesario trabajar en grupo. Todo el orden de *sannyas* fue creado como trabajo en equipo. El despertar es más probable cuando hay diez mil personas trabajando en equipo, de modo que si tan solo uno se despierta, éste puede generar una cadena de despertares.

Buda creó una orden de grupo, Mahavira creó una orden de grupo. Sus órdenes eran en realidad fenómenos externos; eran *sannyasins*, una orden de *sannyasins*. Interiormente, realizaban un trabajo en grupo, y ese grupo continúa a lo largo de varias vidas.

Por ejemplo, aún hay personas que están vivas del grupo budista de los *sannyasins*. Y tienen un entendimiento interno y un juramento interno —una promesa al grupo— de que cuando alguien sea despertado, éste hará todo lo posible para despertar a los otros, en particular, a aquellos que pertenecen al grupo. ¿Por qué aquellos que pertenecen al grupo? Porque toda escuela tiene una técnica particular.

Si uno ha trabajado con una técnica particular en vidas previas, puede trabajar fácilmente en esta vida. Así que hay muchas personas que me pertenecen desde sus otros nacimientos, sus otras vidas. Y ese grupo de personas es más capaz de muchas formas. Ha trabajado algo, ha hecho algo, hasta cierto punto; no es sólo un comienzo para ellos. De no ser así, con cada nueva persona, uno tendría que hacer más trabajo innecesario y no esencial.

Por ejemplo, el trabajo intelectual es necesario para los principiantes. Aquellos que han trabajado en sus vidas pasadas con una técnica particular, no necesitarán ningún trabajo intelectual ahora. Uno les comparte la técnica y ellos la comienzan a practicar.

No habrá trabajo intelectual, no harán preguntas superficiales. Esa curiosidad no estará ahí y esa curiosidad ocupa mucho tiempo y energía. Así que uno puede trabajar con principiantes si tiene muchas vidas por delante. Pero si uno no tiene ninguna vida por delante, no puede trabajar sobre los principiantes. Tiene uno que confinar su trabajo a los viejos que de algún modo están en la orilla. Éstos no necesitan filosofía intelectual alguna; no tienen indagaciones superficiales. Sólo irán a lo profundo, directamente.

El viejo requisito, el requisito de que uno debe de tener confianza, es un truco. Es sólo para distinguir entre los viejos y los nuevos. Con los nuevos, la confianza es imposible; sólo la duda es posible. Sólo con los viejos es posible la confianza y la duda es imposible.

Así que la confianza, la fe, son técnicas, trucos para elegir entre ellos y saber sobre quién se puede hacer más trabajo dentro de un tiempo más corto. No es que aquellos que tienen fe sean de algún modo distintos a aquellos que dudan. Es sólo que aquellos que tienen fe, que pueden confiar, han trabajado en alguna parte, por lo cual la curiosidad intelectual no está ahí; ha sido satisfecha. Han pasado; no están entrando apenas a la escuela, han atravesado la puerta.

Así que el pedir confianza es lo mismo que preguntar: "¿Has trabajado en tus vidas previas?" Si uno ha trabajado, sólo entonces puede tener fe; de otro modo, no puede tener fe. Y en el mundo de hoy en día, la duda parece ser muchos más prominente, más fácil. La fe es muy difícil. No se debe a que la mente humana haya cambiado, sino que la razón es la siguiente: las viejas tradiciones se están haciendo estrechas.

En realidad, desde Nanak, no ha habido tradiciones nuevas. Ahora todas las religiones son viejas. Han seguido, el río se hace más estrecho cada día. Con cada nuevo día, la tradición tiene a menos personas con ella. Han pasado veinticinco siglos desde Buda —¡la tradición es tan vieja, que casi todos aquellos que estuvieron conectados con el maestro viviente, han sido liberados!—. Y todas las personas que han permanecido son en realidad de tercera clase. Han tenido veinticinco siglos de trabajo continuo.

Todas las tradiciones y su continuidad son de cierto modo tan viejas ahora. Es por eso que hay menos fe. Hubo tantas tradiciones vivas y tantas personas que han trabajado en sus vidas pasadas. La fe fue la raíz de cada una de ellas, la duda era muy difícil.

Si preguntas a mí, estoy haciendo muchas cosas. Una es trabajar para aquellos que han estado conectados conmigo de algún modo —y hay muchos—. Otra es crear una nueva continuidad que estaremos viviendo en los próximos días, porque ningún pensamiento antiguo tiene utilidad hoy en día.

Y no me gustaría sacar a alguien de su propia continuidad porque si no podemos liberar a un hombre en una larga tradición de veinticinco siglos, no tiene caso cambiarlo ahora. Es mejor dejar que vaya más profundamente en su propia tradición. Es mejor no cambiarlo, sino hacer de su propia tradición, una tradición viva. Él puede ir al fondo de esa tradición. Él será otra continuidad de lo viejo.

Pero anteriormente, yo trabajaba para los nuevos, así que mi énfasis era sobre la duda. Siempre estaré interesado en la duda porque es sólo a través de la duda que uno puede atraer al nuevo, jamás a través de la fe. La fe atrae al viejo. Ha estado haciendo algo en sus vidas pasadas. Mi énfasis ha sido sobre la duda sólo porque debo de trabajar hacia una tradición nueva que estará viva.

Ahora, mi énfasis será sobre la fe, la confianza, y no hay ninguna contradicción. Esto se trata sólo de cambiar la entrada y nada más. Cuando yo enfatizaba la duda, nadie vino. Ahora enfatizaré la fe. Así que trabajaré para aquellos con quienes estaba conectado en vidas pasadas.

Así que no habrá dificultad porque jamás vamos en profundidad en nada. No podemos ir a profundo. Hay niveles. Cuando digo duda, cuando digo fe, esto es inconsistente. Las etiquetas pueden ser diferentes, ahora vendrán sólo palabras distintas. Lo que estaba haciendo antes, seguirá. Ahora mi énfasis será para aquellos que han trabajado para algo. Por eso este orden de *sannyas* —porque, con la duda, no se puede crear.

Cuando hay duda, uno puede estar a solas y jamás puede trabajar en grupo. Con una técnica de duda, jamás se puede trabajar en grupo, jamás. Las dudas lo convierten a uno en isla. Pero cuando uno se vuelve continente, entonces está unido a otros. Entonces, no hay separación y uno puede trabajar con el grupo.

En lo que respecta al hombre, es tan débil que no podemos depender de él como individuo. No puede hacer nada, sólo puede engañarse a sí mismo. Así que, si vamos a trabajar sobre individuos, tenemos que crear ayudas mecánicas. Por ejemplo, uno está dormido y no hay nadie que lo despierte. Tendrá que utilizar un despertador para que este dispositivo mecánico lo ayude a despertar. Pero ningún dispositivo mecánico será de mucha ayuda después de un tiempo porque uno se acostumbrará a él y pronto el despertador no perturbará el sueño de uno. Más bien, el sueño puede ser aún más profundo —y el funcionamiento de la mente es tal que uno transformará el sonido del despertador en un símbolo del sueño y será interpretado de otro modo—. Entonces, ya no será una discontinuidad del sueño. Uno creará un sueño de tal modo que el despertador se convierte en parte del sueño mismo, de modo que no funciona en contra del sueño sino que se incorpora al mismo.

Lo he intentado con muchas personas de modo individual. También he otorgado dispositivos mecánicos, pero se han acostumbrado a ellos y entonces surge una falacia nueva. Esa es la mayor falacia de la espiritualidad: uno puede soñar que está despierto. Esa es la enfermedad más fatal, la más peligrosa: podemos seguir en nuestro sueño y estar soñando que estamos despiertos. Entonces, no hay necesidad de dispositivos y uno está a solas en sus sueños.

Así que mi énfasis de ahora en adelante será sobre el trabajo en equipo. De modo que si uno solo despierta tan solo por un momento, éste podrá crear choques para los demás. Podrá sacudirte a ti. Y este orden de *sannyas* será sólo un grupo con fe interior.

Cuando sientas, aunque sea por un solo segundo, que la conciencia te llega, ayuda a otros. Y ellos te ayudarán a ti cuando se presente la necesidad.

# SOBRE EL AUTOR

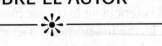

Las enseñanzas de Osho desafían cualquier encasilla-
miento, abarcando todo, desde la búsqueda de sentido
individual hasta las más urgentes situaciones políticas y
sociales que atraviesa la sociedad actual. Sus libros no han
sido escritos, sino que han sido transcritos a partir de
grabaciones en cintas y videos de charlas improvisadas en
respuesta a distintas preguntas hechas por discípulos y visitantes durante un periodo de treinta y cinco años. Osho ha
sido calificado por el *Sunday Times* de Londres como uno
de los «mil constructores del siglo XX», así como "el hombre más peligroso desde Jesucristo" por el autor esta-
dounidense Tom Robbins.

Acerca de su propio trabajo, Osho ha dicho que consiste en ayudar a crear las condiciones para el nacimiento
de una nueva clase de ser humano. A menudo ha
caracterizado a este nuevo ser humano como «Zorba el
Buda», capaz de disfrutar al mismo tiempo de los placeres
terrenales como un Zorba el Griego y de la callada
serenidad de un Gautama Buda. Entretejida como un hilo
a lo largo de todos los aspectos de la obra de Osho hay una
visión que aúna la eterna sabiduría oriental y el gran
potencial de la ciencia y la tecnología occidental.

Osho también es conocido por su revolucionaria contribución a la ciencia de la transformación interior, con un enfoque de la meditación que tiene en cuenta el ritmo acelerado de la vida moderna. Sus singulares «meditaciones activas» han sido diseñadas para liberar, en primer lugar, las tensiones acumuladas en el cuerpo y la mente de forma que sea más fácil experimentar el estado relajado y libre de todo pensamiento propio de la meditación.

Existe una obra del autor de carácter autobiográfico: *Autobiografía de un místico espiritualmente incorrecto* (Kairós).

### PARA MÁS INFORMACIÓN

Para más información sobre cómo visitar el Resort en India, o como informarte más ampliamente acerca de Osho y su trabajo, visita:

**www.osho.com**

Una exhaustiva página web en diferentes idiomas que incluye una visita virtual al Osho International Meditation Resort, un calendario de cursos, un catálogo de libros y casetes, una lista de los centros de información de Osho en todo el mundo y una selección de las charlas de Osho.

OSHO INTERNATIONAL
Nueva York
email: **oshointernational@oshointernational.com**
**www.osho.com/oshointernational**

# Sobre el
# OSHO INTERNATIONAL
# MEDITATION RESORT

———————— ✳ ————————

El Osho International Meditation Resort es un excelente lugar para vacacionar, donde la gente tiene una experiencia personal directa de una nueva manera de vivir más consciente, relajada y divertida. Situado a unos 160 Kilómetros al sureste de Bombay, en Puna (India), el centro ofrece variedad de programas a los miles de visitantes de más de cien países que acuden cada año.

Puna fue originalmente un retiro de verano para los maharajás y los más ricos colonialistas británicos; ahora es una próspera ciudad moderna que acoge varias universidades e industrias de tecnología de punta.

El Resort ocupa cerca de dieciséis hectáreas en la maravillosa zona periférica de Koregaon Park, y ofrece alojamiento para un número limitado de visitantes en el nuevo Guesthouse. En la zona hay una gran variedad de hoteles y apartamentos privados disponibles para estancias desde unos días hasta varios meses.

Todos los programas de meditación están basados en la idea de Osho de un tipo de ser humano cualitativamente nuevo que es capaz de participar creativamente en la vida diaria y de relajarse en silencio y meditación. La mayor parte de los programas tiene lugar en instalaciones modernas con aire acondicionado e incluyen una variedad de sesiones individuales, cursos y talleres que abarcan todos los aspectos: desde las artes creativas hasta las curas de salud holísticas, el crecimiento personal y las terapias, las ciencias esotéricas, el acercamiento Zen a los deportes y el ocio, relaciones personales y etapas de transición en la vida del hombre y la mujer. Tanto las sesiones individuales como los talleres de grupo se ofrecen a lo largo de todo el año junto con un completo horario de meditaciones activas de Osho, grabaciones y vídeos de sus charlas y técnicas meditativas de distintas tradiciones espirituales.

Los cafés y los restaurantes al aire libre que se encuentran dentro del recinto sirven comida tradicional india y una gran variedad de platos internacionales hechos con verduras cultivadas orgánicamente en la propia huerta del centro, que tiene su propio suministro de agua potable, segura y filtrada.

**www.osho.com/resort**

# ÍNDICE

# ÍNDICE

————— ✳ —————
*Yo soy la puerta,* de Osho, fue impreso
y terminado en marzo de 2010
en Encuadernaciones Maguntis,
Iztapalapa, México, D. F.
Teléfono: 5640 9062.
————— ✳ —————